Alfred Jeremias

Die babylonisch-assyrischen Vorstellungen vom Leben nach dem Tode,

nach den Quellen mit Berücksichtigung der alttestamentlichen Parallelen

dargestellt

Alfred Jeremias

Die babylonisch-assyrischen Vorstellungen vom Leben nach dem Tode,
nach den Quellen mit Berücksichtigung der alttestamentlichen Parallelen dargestellt

ISBN/EAN: 9783743414167

Hergestellt in Europa, USA, Kanada, Australien, Japan

Cover: Foto ©Thomas Meinert / pixelio.de

Manufactured and distributed by brebook publishing software
(www.brebook.com)

Alfred Jeremias

Die babylonisch-assyrischen Vorstellungen vom Leben nach dem Tode,

DIE BABYLONISCH-ASSYRISCHEN

VORSTELLUNGEN VOM LEBEN NACH DEM TODE.

NACH DEN QUELLEN

MIT BERÜCKSICHTIGUNG DER ALTTESTAMENTLICHEN PARALLELEN

DARGESTELLT

VON

DR. ALFRED JEREMIAS.

LEIPZIG.
J. C. HINRICHS'SCHE BUCHHANDLUNG
1887.

Meinen

geliebten und verehrten Lehrern

Franz Delitzsch und **Friedrich Delitzsch**

gewidmet.

Inhalt.

Seite

Vorbemerkungen 1

Kapitel I: Die Höllenfahrt der Istar . 4
- Einleitung 4
- Text und Uebersetzung 10
- Zur Erklärung 24

Kapitel II: Tod und Grab 46

Kapitel III: Die Unterwelt 59
- Der Weltberg 59
- Namen der Unterwelt 61
- Götter und Dämonen 66
- Ort und Bewohner 75

Kapitel IV: Die Gefilde der Seligen 81
- Einleitung 81
- Die Reise Nimrods nach den Gefilden der Seligen 82
- Die Lebensquelle und die Lebenspflanze in den Gefilden der Seligen 89
- Die Bewohner der Seligengefilde 94

Kapitel V: Möglichkeit einer Befreiung aus der Unterwelt 100

Anhang: **Ausblick auf die alttestamentlichen Vorstellungen vom Leben nach dem Tode** 106
- Einleitung 106
- Volksvorstellungen in ihrer Ursprünglichkeit . . 109
- Volksvorstellungen in bundesmässiger Beschränkung 116
- Prophetische Ausschau 120
- Zusatz: Die Vorstellung vom Berge der Versammlung 121

Verbesserungen.

Einige der hier angegebenen Verbesserungen verdanke ich indirekt Herrn Professor PAUL HAUPT. Etwaige kleine Unregelmässigkeiten in der Transkription, die hie und da durch die Entfernung vom Druckorte verschuldet wurden, bitte ich freundlichst zu entschuldigen.

S. 8, Anm. 2 lies *êkimmu* statt *êkimu.*

S. 10, Z. 9 lies *aš-[bû* (Vgl. HAUPT, *Sum. Dial.* 518) statt *aš-ba.*

S. 12, Z. 34. S. 16, Z. 79 u. s. f. lies *êdlê, ed-lu* statt *êtlê, et-lu.*

S. 12, Z. 40. S. 13, Z. 44. S. 16, Z. 76 u. s. f. lies *be-el-ti* statt *bi-el-ti.*

S. 16, Z. 66 lies: *pa-a-ša i-pu-uš-ma.*

S. 18, Z. 5 lies *i-la-a* statt *e-la-a.*

S. 20, Z. 32 u. ö. lies *abnu* statt *abnê.*

S. 20, Z. 39 ff. lies *ut-te-ir* statt *u-te-ir*

S. 22, Z. 56 lies *et-ti-šu* statt *êt-ti-šu.*

S. 22, Z. 58 lies *le-lu-nim-ma* statt *le-lu-nem-ma.*

S. 23, Z. 56 soll die Uebersetzung lauten: „in den Tagen des Tammuz spiele mir die krystallene Flöte, zu dieser Zeit spiele mir das . . . . . . Instrument von Edelstein" u. s. w.

S. 25, zu Z. 9 lies *immarû* statt *imarû.*

S. 31, zu Z. 54 lies *kablêša* statt *kablîša.*

S. 33, Z. 1 v. u. lies *saḫâpu* statt *šaḫâpu.*

S. 34, zu Z. 78 lies *sûķi* statt *šûķi.*

S. 36 zu Z. 12 lies *Uddûšu-nâmir* statt *Uddušu-nâmir.*

S. 42 zu Z. 56—58 lies *imbûbu* statt *imbûbû.*

Zu S. 74 Zusatz II vgl. auch die S. 99, Anm. 1 citierte Stelle.

S. 77, Z. 8 v. u. lies: Z. 28—35.

S. 77, Z. 9 v. u. lies Kap. IV (S. 96 ff.) statt Kap. V.

S. 95, Z. 14 v. o. lies: „führte mich herauf" (heraus, scil. aus dem Schiff)."

Vorbemerkungen.

Durch die Auffindung und Erforschung der babylonisch-assyrischen Religionslitteratur ist dem Studium der Religionsgeschichte ein ungeahnter Reichtum neuen Forschungsmaterials zugeführt worden, das mitten hineinführt in die religiöse Gedankenwelt der Völker, in deren Heimat die Wiege der Menschheit gestanden, und mit deren Geschicken die Kindheitserinnerungen der Menschheit und die Hoffnungen der alten Völker, die in der Fülle der Zeiten zur Verwirklichung kamen, auf das engste verknüpft sind.

Auf dem Gebiete der vergleichenden Religionswissenschaft nehmen die Anschauungen der Völker über das Leben jenseits des Grabes besonderes Interesse in Anspruch. Von den babylonisch-assyrischen Vorstellungen über das Leben nach dem Tode war bisher wenig bekannt. Nur einige kleinere Arbeiten englischer und französischer Assyriologen beschäftigen sich mit einzelnen hierhergehörigen Stücken der Keilschriftlitteratur*). Die vorlie-

---

*) Abgesehen von der S. 4 aufgeführten Litteratur zur „Höllenfahrt der Istar", gehören hierher: LENORMANT, *die Magie und Wahrsagekunst der Chaldäer*, Jena 1878, Kap. V (Autorisierte und verbesserte deutsche Ausgabe der *sciences occultes en Asie*, Paris 1874). — BOSCAWEN, *Notes on the Religion and Mythologie of the Assyrians (Transactions of the Society of Biblical Archaeology* IV, p. 267 ff. 1875). — HALÉVY, *La croyance à l'immortalité de l'âme chez les peuples sémitiques (Mélanges de critique et d'histoire* p. 368 ff.), Par. 1883; *L'immortalité de l'âme chez les Chaldéens (Revue Archéologique* B. 44, p. 44 ff. 1883; *La légende arabe sur Bourhoût (Journal Asiatique* VIII, t. 2, p. 451 ff.). — PERROT-CHIPIER, *Histoire de l'art dans l'antiquité* II, p. 357 ff.

genden Blätter wollen die babylonisch-assyrischen Vorstellungen vom Leben nach dem Tode, soweit die bisher veröffentlichte Keilschriftlitteratur darüber Aufschluss bietet, im Zusammenhang zur Darstellung bringen.

Durch die Religion der Völker im Thale des Euphrat geht ein praktischer Zug. Ihre Götter sind Götter der Lebendigen, stehen mit diesen in regem Verkehr, als Helfer in allem Thun, als Retter aus aller Not. Das Auseinandersetzen mit den Erfordernissen der diesseitigen Welt nimmt alles religiöse Interesse in Anspruch. Da bleibt kein Raum für ängstliches Nachdenken und Philosophieren über das Woher? und Wohin? der Seele, wie es dem Volke der Egypter so charakteristisch ist, — mit dem Tode ist's vorbei mit Kraft und Leben, mit Hoffnung und Trost. Darum hat die Religion als solche mit den Vorstellungen vom Jenseits wenig zu thun, höchstens, dass sie in dem Orte der Toten einen willkommenen Schauplatz findet für die dämonischen Mächte und verheerenden Kräfte der Götter, die in die Versammlung der grossen Götter nicht passen, während doch ihre Existenz durch die Erfahrung des Lebens unabweisbar gefordert ist. Der Volksvorstellung war es überlassen, dem trüben Bilde von dem Totenorte, der alle Menschen einfordert und Keinen zurückgiebt, sein Gepräge zu geben. Und wofür die Religion mit ihrer allein auf das Irdische zielenden Lehre von der Vergeltung keinerlei Anhalt bot, das ward vom Volksbewusstsein ohne weiteres gefordert: ein Unterschied jenseits des Grabes. Das prägt sich aus einerseits in der Anschauung von Orten besonderer Qual in dem an sich schon trostlosen Hades, andrerseits in der Vorstellung von einem bevorzugten Zustand nach dem Tode für die Helden des Volkes und für die Lieblinge der Götter. Deshalb spaltet sich die Volksvorstellung vom Leben nach dem Tode zu einer Vorstellung vom „Versammlungsort aller Lebendigen“ und zur Vorstellung vom Gefilde der Seligen, dem Versammlungsort der auserwählten Gerechten.

Indem wir nun zur Darstellung selbst übergehen, scheint es angemessen, die Besprechung eines Textes voranzuschicken, auf den wegen seiner grundleglichen Wichtigkeit für unsere Frage die späteren Kapitel oft zurückweisen müssen: ich meine die unter dem Namen „die Höllenfahrt der Istar“ bekannte altbabylonische Beschwörungslegende. Freilich bedarf Umschrift und Uebersetzung auch einer philologischen Erörterung, da von der richtigen Erklärung vieler Stellen dieses Textes das Verständnis einer ganzen Reihe der später besprochenen Fragen abhängt. Es folgen dann die Kapitel über Tod und Grab, Unterwelt, Gefilde der Seligen und über die Möglichkeit einer Befreiung aus der Unterwelt. Von den alttestamentlichen Parallelen, die sich zahlreich aufdrängen werden, sind in den Anmerkungen zum laufenden Text nur die wichtigsten hervorgehoben, während ein beigefügter „Anhang“ die alttestamentlichen Hadesvorstellungen in Zusammenhang darzustellen und durch die babylonisch-assyrischen Vorstellungen vom Leben nach dem Tode zu beleuchten versucht.

KAPITEL I.

Die Höllenfahrt der Istar.

Einleitung.

1. Unter allen Bearbeitungen des unter dem Namen „Höllenfahrt der Istar“ bekannten Keilschrifttextes IV R 31 [1]) ist diejenige EBERHARD SCHRADER's weitaus die trefflichste, trotz OPPERT, der in seinem Aufsatz *L'immortalité de l'âme* „keine der vorgeschlagenen Uebersetzungen dieses grossen Gelehrten anzunehmen vermag.“ OPPERT's eigene Uebersetzung entzieht sich der Beurteilung, da sie der philologischen Begründung entbehrt. An allen Stellen, in denen OPPERT von seinen Vorgängern abweicht, ist es schwierig, auch nur Vermutungen aufzustellen, an welche semitische Wurzel er wohl gedacht haben mag. Dies gilt in besonders hohem Grad von seiner Uebersetzung der Schlusszeilen. An dieser letzteren ist ausserdem noch zu verwundern, dass der Verfasser ihre „relative“ Unzuver-

1) TALBOT: *Transactions of the Royal Society of Litterature*, VIII, p. 244 (1865); *Transactions of the Society of Biblical Archaeology*, II, p. 179 ff. (1874); *Records of the Past*, I, p. 141 ff. — G. SMITH: *Daily Telegraph* vom 19. Aug. 1873. — EB. SCHRADER: *Die Höllenfahrt der Istar*, Giessen 1874. — LENORMANT: *Les premières civilisations*, II, p. 84—93 (1874); Autorisierte deutsche Ausgabe: *Anfänge der Kultur*, Jena 1875. — OPPERT: *L'immortalité de l'âme chez les Chaldéens*, 1875 (*extrait du* t. VIII. *des Annales de philos. chrét.* 1874); mit unwesentlichen Aenderungen abgedruckt in den *fragments mythologiques*, p. 8 ff. — Zu den drei letztgenannten Arbeiten vgl. HAUG: *Die Unsterblichkeit der Seele bei den Chaldäern*, Augsb. Allg. Ztg. 1875, Nr. 70 f. — MENANT: *Babylone et la Chaldée*, Par. 1874, p. 135; *Manuel de la langue assyrienne* 1880, p. 284 ff. (obv. 1—93). — SMITH-DELITZSCH: *Chald. Genesis*, p. 198 ff., 313 ff. — SAYCE: *Babylonian Litterature*, p. 37 ff. — Vgl. hierzu auch BEZOLD, *Babylonisch-Assyrische Litteratur* § 97.

lässigkeit zwar hintennach zugiebt, aber im Texte selbst durch kein einziges Fragezeichen hervorhebt.[1])

Auf LENORMANT's Uebersetzung brauche ich in meinen Anmerkungen nicht näher einzugehen, da dieser Gelehrte nach dem Erscheinen des OPPERT'schen Aufsatzes seine eigene Uebersetzung zurückgezogen und die OPPERT's als „*la seule exacte*" bezeichnet hat (vgl. den bei OPPERT l. c. abgedruckten Brief LENORMANT's).

Seit SCHRADER's philologischer Erklärung der „Höllenfahrt" hat die Textentzifferung besonders durch das genaue Studium des II. und V. Inschriftenbandes grosse Fortschritte gemacht, weshalb es an vielen Stellen ein leichtes war, SCHRADER's Uebersetzung oder Erklärung einzelner Wörter, die bei ihm oft nur auf sprachvergleichenden Vermutungen ruht, stillschweigend zu rektificieren. Was freilich den Sinn einzelner Stellen anlangt, so musste ich oft von den Auffassungen Prof. SCHRADER's abweichen, und habe nicht verfehlt, an den betreffenden Stellen meine Abweichung zu begründen. Die lexikographischen Angaben durften sich auf das Notwendigste beschränken, da das Erscheinen des assyrischen Wörterbuchs Prof. FRIEDRICH DELITZSCH's im Werke ist.

2. Die „Höllenfahrt der Istar" ist nach SMITH's Vorgang von allen Bearbeitern als eine Rhapsodie bez. Episode des Nimrod-Epos angesehen worden. Die Lücke, die in den Fragmenten der siebenten Tafel sich findet, bot einen scheinbar passenden Platz zur Einreihung der Erzählung: Istar sei nach Misslingen ihrer Rache an Nimrod und Eabani in die Unterwelt hinabgestiegen, um die höllischen Mächte gegen die Frevler aufzubieten. Der Gang der Handlung selbst bietet allerdings an keinem Punkte Anhalt für eine solche Motivierung der Höllenfahrt. Eher hätte man das Ganze für eine Rhapsodie halten können, die zu

1) Die OPPERT'sche Uebersetzung der Schlusszeilen ist S. 20 f. Anm. abgedruckt.

den Erzählungen der Liebesabenteuer Istars in indirektem Bezug stünde, da in der That allem Anschein nach das mythologisch bedeutsame Verhältnis der Istar zu Tammuz, ihrem Lieblingsgemahl, den Hintergrund der Erzählung bildet.[1]) Aber in Wirklichkeit steht die „Höllenfahrt der Istar" in gar keinem Zusammenhange mit dem Nimrod-Epos. Der Umstand, dass Istar hier als Tochter des Mondgottes gilt, während sie im Nimrod-Epos als Tochter des Himmelsgottes Anu erscheint, hätte allein schon jene Ansicht unmöglich machen müssen. Endgiltig entschieden wird die Frage durch den Sinn der Schlusszeilen, den ich, soweit es der fragmentarische Charakter derselben zuliess, erschlossen zu haben glaube. Die Lösung dieser rätselhaften Stelle hängt von der Entzifferung der 46. Zeile des Revers ab, mit welcher der Text, nachdem die Erzählung von der „Höllenfahrt" beendet ist, plötzlich von neuem anhebt, einen Vorgang erzählend, der auf den ersten Blick in keinem Zusammenhange mit dem Vorhergehenden steht. Während SCHRADER und LENORMANT auf die Uebersetzung dieser Zeile, auf die alles ankommt, verzichten, übersetzt OPPERT: „*Puis elle ne refusa pas sa libération, et retourna sur la terre supérieure.*" Auf welcher Transskription freilich OPPERT's Uebersetzung beruht, ist mir ein Rätsel. Die Zeile lautet in Umschrift und Uebersetzung:

šum-ma nap-ṭi-ri-ša lâ ta-ad-di-nak-kam-ma a-na ša-ša-ma têr [[2]) d. h.

„Wenn sie ihre Freilassung dir nicht gewährt, so wende zu ihr (scil. zu Istar, von der ich dir jetzt das alles erzählt habe) . . . . . ." Im Zeilenschluss muss etwas wie *râmânka* (wozu die Spuren passen) oder *pânika* stecken („wende dich, wende dein Antlitz"); leider ist die Stelle abgebrochen. Jedenfalls lässt diese Zeile allein die ganze

---

1) Aehnlich LENORMANT, *Anfänge der Kultur*, S. 58.

2) Die einzelnen Erklärungen s. in meinen Anmerkungen z. St.

Situation klar erkennen: Z. 46—58 gehören nicht zur Dichtung, bilden jedoch den Kern des Ganzen, da sie den Anlass schildern, um dessentwillen die „Höllenfahrt der Istar“ erzählt ward. Ein Mann klagt um den Tod seiner Schwester. Er ist zu einem Magier gegangen, bei ihm sich Rats zu erholen, wie er den Geist der Verstorbenen aus dem Kerker des Hades erlösen könne. Der Priester erzählt ihm die Geschichte der „Höllenfahrt“ (daher meine Ergänzung Obv. Z. 1), um dem Bittenden durch ein Beispiel zu zeigen, dass die Pforten des Hades nicht unüberwindlich sind, und giebt ihm dann den Rat (Z. 44 ff.), er möge an Istar, die Hadesbesiegerin, und an Tammuz, ihren Gemahl, mit Gebet und Opfer sich wenden, um sich deren Beihilfe bei der Totenbeschwörung zu sichern. Dann soll er bestimmte Trauerceremonieen am Sarge der Toten abhalten (Z. 48 f.) und mit Hilfe der *Uḫât*, der Gefährtinnen Istars (vgl. Nimr. Ep. 49, 185 f.), die Trauerklage beginnen (Z. 50).[1]) Z. 52 ff. erzählen, wie der Geist der Verstorbenen die Klage des Bruders vernimmt und ihn bittet, in den Tagen des Tammuz (zu der Zeit, „da die Leute sitzen und weinen“ — vgl. Ez. 8, 14 —, unter der Gestalt des Tammuz ihre eigenen Toten betrauernd) durch Klagemusik und Weihopfer sie vom Verderben der Unterwelt zu befreien.[2])

Diese Schlusszeilen bilden, wie gesagt, den Kern des Ganzen, während die Legende von der „Höllenfahrt der Istar“ nur die epische Einleitung und Einkleidung für die Totenbeschwörung darstellt.[3]) Aus anderen Stellen der

---

1) Zum Einzelnen vgl. auch hier die Uebersetzung und Erklärung.

2) Leider ist die Stelle so verstümmelt und sind die einzelnen Situationen so knapp erzählt, dass uns bei unserer geringen Kenntnis assyrischer Trauergebräuche manches, besonders Z. 51 f., unverständlich bleibt. Vgl. übrigens zum ganzen den Abschnitt über die „Möglichkeit einer Befreiung aus der Unterwelt“.

3) Aehnliche Legenden in epischer Form finden wir in dem „Gesang von den sieben bösen Geistern“ (IV R 15), ferner bei der Beschwörung

religiösen Litteratur der Babylonier sieht man, dass an Istar und Tammuz, die Helden der Erzählung (vgl. zu Obv. 64 f.), auch sonst der Gedanke einer Erlösung aus den Pforten der Unterwelt geknüpft ist.[1]) Deshalb mögen sich innerhalb der Priesterklasse, die mit dem Kult der Totenbeschwörung betraut war[2]), Legenden, die sich auf die Hadesbesiegung jener Götterwesen beziehen, gebildet und fortgepflanzt haben und, in poetische Form gebracht, als feierliche Introduction der Beschwörungsceremonie benützt worden sein. In der That finden wir auf einer anderen Keilschrifttafel[3]) die Erzählung einer Totenbeschwörung, welche mit genau der nämlichen Schilderung der Unterwelt beginnt, wie die Beschwörungslegende der „Höllenfahrt der Istar".

3. Die epische Erzählung von der Höllenfahrt selbst, die dem befragten Priester in den Mund gelegt wird, hat seit ihrer Auffindung besonders deshalb das grösste Interesse erregt, weil sie in dem Streite um die „Begabung der Semiten" die Frage, ob die Semiten einer epischen Dichtung fähig sind, endgiltig entschied. Dass die Hebräer in der uns überlieferten Litteratur keine epische Dichtung aufweisen, liegt, wie SCHRADER l. c. S. 59 treffend bemerkt, daran, „dass sie unter dem reinigenden und läuternden Einflusse der Offenbarungsreligion der Lebendigkeit der mythologischen Anschauungen verlustig gingen." Dass aber der Keim zu epischen Stoffen zu dem babylonischen Erbteil der Kinder Abrahams gehört, beweist die Erwähnung des Nimrod, des gewaltigen Jägers und Helden (גִּבּוֹר), Gen. 10, 10, eine Gestalt semitischer Sagen-

---

IV R 19, die mit einer an die Sintflutgeschichte erinnernden Schilderung eingeführt wird.

1) Vgl. hierzu das Kapitel über „die Möglichkeit einer Befreiung aus der Unterwelt".

2) Die *êšêpû* und *mušêlû ša êkimu*, s. das eben erwähnte Kapitel.

3) Von HAUPT, Nimr. 16—19 veröffentlicht und fälschlich zum Nimrod-Epos gerechnet, s. hierüber das Kapitel: „Ort und Bewohner der Unterwelt".

geschichte, die nicht erst, wie WINER (*Realw.* II, S. 157) meint, in der späteren orientalischen Sage weiter ausgemalt worden ist, sondern direkt anknüpft an das grosse altbabylonische Epos von Nimrod (Simson-Hercules).

Zur Anlage des Epos vgl. die klare Disponierung SCHRADER's (l. c. S. 56 f.). Was die Darstellung betrifft, so ist vor allem auffällig, dass die einen Vorgänge, wie das Durchschreiten der 7 Thore, mit möglichster epischer Breite erzählt sind, während andere Stellen eine auffällige Prägnanz der Rede, ja zuweilen ein unvermitteltes Ueberspringen von einer Situation zur andern aufweisen (vgl. Obv. 24/25. 66/67. Obv. 80/Rev. 1—3. Rev. 19/20), ohne dass dadurch der planmässige Aufbau des Ganzen gestört wird. Die Form der Darstellung ist *Parallelismus der Glieder*, eine Form der poetischen Sprache, die sicherlich ursprünglich keine bewusst kunstmässige ist, sondern das natürliche Ergebniss schwungvoll gehobener Rede. Die rythmische Gliederung der Gedanken und Redewendungen ist übrigens derart ungekünstelt, dass es scheint, als ob die Stichenteilung, die die Poesieform des *parallelismus membrorum* zur Kunstform stempelt, im Original des Britischen Museums nicht ursprünglich ist, sondern vom Abschreiber stammt, der am Ende des Obvers für seine Teilung der Zeilen auf Hindernisse stiess und im 2. Theile des Epos darauf gänzlich verzichtete.

Behufs Richtigstellung des Textes (zuerst veröffentlicht von TALBOT, *Transactions of the Society of Biblical Archaeology* II, 179 ff.; dann von LENORMANT, *Choix de textes* No. 30, p. 100 ff., 159; IV R 31; FRIEDRICH DELITZSCH, *AL* [3] S. 110, No. 3: obv. 1—24) gestattete mir Herr Professor FRIEDRICH DELITZSCH gütigst die Benützung seiner eigenen Kollation.

Text.

Obvers.

Ana irṣit lâ târat ḳaḳ-ḳa-ri i-di-[ka?]

ilu Ištar mârat ilu Sin u-zu-un-ša [iškun]
iš-kun-ma mârat ilu Sin u-zu-un-[ša]
ek-li-ti mu-šab
a-na bît e-ṭi-e šu-bat ilu Ir-kal-la
a-na bîti ša e-ri-bu-šu lâ a-ṣu-u
šu
a-na ḫar-ra-ni ša a-lak-ta-ša lâ ta-ai-rat
a-ši
a-na bîti ša e-ri-bu-šu zu-um-mu-u nu-u-ra
ep-ru si-na-ma ši-na ṭi
a-šar êpru bu-bu-us-su-nu a-kal-šu-nu ṭi-iṭ-ṭu
ra lâ ra(ma)
nu-u-ru ul im-ma-ru ina e-ṭu-ti aš-ba
ša iṣṣûri
lab-šu-ma kîma iṣ-ṣu-ri ṣu-bat kap-pe
êlî dalti u sikûri ša-pu-uḫ ep-ru
ilu Ištar ana bâb irṣit lâ târat ina ka-ša-di-ša

ana amêlu ḳêp ba-a-bi a-ma-tum iz-zak-kar
amêlu ḳêp me-e pi-ta-a ba-ab-ka
pi-ta-a ba-ab-ka-ma lu-ru-ba a-na-ku
šum-ma lâ ta-pat-ta-a ba-a-bu lâ ir-ru-ba a-na-ku
a-maḫ-ḫa-aṣ dal-tum sik-ku-ru a-šab-bir
a-maḫ-ḫa-aṣ si-ip-pu-ma u-ša-bal-kat dalâtê

Uebersetzung.

Obvers.

Nach dem Lande ohne Heimkehr, dem Lande, [das du kennst(?)],
[richtete] Istar, die Tochter des Mondgottes, ihren Sinn.
Des Mondgottes Tochter richtete ihren Sinn

nach dem Hause der Finsternis, dem Sitze Irkalla's,
nach dem Hause, dessen Betreter nicht mehr herauskommt,

nach dem Pfade, dessen Hingang nicht zurückführt,

nach dem Hause, dessen Betreter (Bewohner) dem Lichte entrückt ist,
dem Orte, da Staub ihre Nahrung, ihre Speise Kot,

da Licht sie nicht schauen, in Finsternis wohnen,

da sie gekleidet sind wie Vögel in ein Flügelgewand,
auf Thür und Riegel Staub sich breitet.

Als Istar zum Thore des Landes ohne Heimkehr gelangt war,
sprach sie zum Wächter des Thores:
„Wächter des Wassers, öffne dein Thor,
öffne dein Thor — eintreten will ich!
Wenn du nicht öffnest, ich nicht eintreten kann,
werde ich zertrümmern die Thür, den Riegel zerbrechen,
werde zertrümmern die Schwellen, aufreissen die Thürflügel,

u-še-el-la-a mi-tu-ti âkilê bal-ṭu-ti
êlî bal-ṭu-ti i-ma-'i-du mi-tu-ti
amêlu ḳêpu pa-a-šu e-pu-uš-ma i-ḳab-bi
iz-zak-ka-ra a-na rabî-ti ilu Iš-tar
i-zi-zi be-el-ti lâ ta-na-ša[1])-aš-ši
lu-ul-lik šum-ki lu-ša-an-ni a-na šar-ra-ti ilu Allatu
e-ru-um-ma amêlu ḳêpu iz-zak[2])-ka[3])-[ra[4]) ana šar-ra-ti ilu Allatu][5])
an[6])-ni-tu me-e a-ḫa-[ta[7])-]ki ilu Ištar [[8])]

[9]) 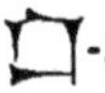-tu ša kip-pi-e rabûtê da [ ]
ilu Allatu[10]) an-ni-ta[11]) i[-na še-mi-ša]
ki-ma ni-kis êṣ [[12])] e-ru [ ]
ki-ma ša-bat ku-ni-ni iz-li-[ ]

mi-na-a lib-ba-ša ub-la-an-ni mi-na-a kab[ ]
an-ni-tu me-e a-na-ku it-ti[ ]
ki-ma rikṣê mêli-im ki-ma BI-MEŠ mêli ma'di [lu-ub-ki]

lu-ub-ki a-na êtlê ša e-ze-bu sal ḫi-[[13])ra-ti-šu-nu]
lu-ub-ki a-na ardâtê ša ištu sûn amêlu ḫa-i-ri-ši-[[14])na]

a-na amêlu aplâni la-ki-e lu-ub-ki ša ina lâ ûmê-šu tar[[15])]

a-lik amêlu ḳêpu pi-ta-aš-ši ba-ab-[ka[16])]
up-pi-is-si-ma ki-ma parṣê la-bi-ru-[ti[17])]
il-lik amêlu ḳêpu ip-ta-aš-ši ba-ab-[šu]
ir-bi bi-el-ti âlu Kûtu li-riš-[ma[18])]

---

1) IV R falsch  2) IV R  statt  3) So im Original deutlich. 4) Teilweise zu erkennen. 5) Im Original Reste von , dem Schlusszeichen des Ideogr.  6) Sicher. 7) Wahrscheinlich. 8) Original  9) IV R falsch  statt 

will heraufführen die Toten, dass sie essen und leben,
zu den Lebendigen sollen sich schaaren die Toten."
Der Wächter öffnete seinen Mund, zu sprechen,
kund zu thun der hehren Istar:
„Halt ein, meine Herrin, stürze sie (scil. die Thür) nicht um!
Ich will gehen, deinen Namen melden der Königin Allatu."
Es trat ein der Wächter, sprach zur Königin Allatu:

„Dieses Gewässer hat deine Schwester Istar [. . . . . . überschritten].
. . . .

Als die Göttin Allatu dies [gehört],
gleich dem Abhauen von . . . Bäumen [ ],
gleich dem Abschneiden des *kunînu*-Rohres [sank sie hin] (und sprach):
„Was hat ihr Herz zu mir getrieben, was [ ]
diese Gewässer habe ich [ ];
gleich der Ueberschwemmung der Hochflut, gleich rauschenden (?) Wassern einer gewaltigen Flut
will ich weinen über die Männer, die ihre Frauen verliessen,
will weinen über die Weiber, die von den Lenden ihres Gemahls [genommen sind],
über die kleinen Kinder will ich weinen, die vor ihrer Zeit [dahingerafft werden]. —
Geh, Wächter, öffne ihr dein Thor,
mach es aus mit ihr nach uraltem Gesetz."

Der Wächter ging, öffnete ihr sein Thor:
„Tritt ein, meine Herrin, Kûtu (d. i. die Unterwelt) möge jauchzen

---

10) Orig.  11) Orig. ziemlich deutlich , vgl. Rev. 20. 12) Orig. 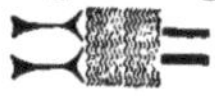 13) Fehlen ca. 4 Zeichen. 14) Fehlen ca. 3 Zeichen. 15) 1—2 Zeichen fehlen. 16) Orig. 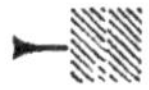 17) Orig. 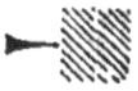 18) 1 Zeichen fehlt. Zu sehen ist 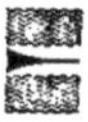

êkal irṣit lâ târat[1]) *li-iḫ-du ina pa-ni-ki*

išt-en bâba u-še-rib-ši-ma um-ta-ṣi it-ta-bal agâ raba-a ša ḳaḳḳadi-ša
am-me-ni amêlu ḳêpu ta-at-bal agâ raba-a ša ḳaḳḳadi-ja

ir-bi bi-el-ti ša ilu Allatu ki-a-am parṣê-ša

šâna-a bâba u-še-rib-ši-ma um-ta-ṣi it-ta-bal in-ṣa-ba-te ša uznê[2])*-ša*
am-me-ni amêlu ḳêpu ta-at-bal in-ṣa-ba-te ša uznê-ja

ir-bi bi-el-ti ša ilu Allatu ki-a-am parṣê-ša

šâl-šu bâba u-še-rib-ši-ma um-ta-ṣi it-ta-bal nîrê ša kišâdi-ša

am-me-ni amêlu ḳêpu ta-at-bal nîrê ša kišâdi-ja[3])

ir-bi bi-el-ti ša ilu Allatu ki-a-am parṣê-ša

rêb-u bâba u-še-rib-ši-ma um-ta-ṣi it-ta-bal du-di-na-te ša irti-ša
am-me-ni amêlu ḳêpu ta-at-bal du-di-na-te ša irti-ja

ir-bi bi-el-ti ša ilu Allatu ki-a-am parṣê-ša

ḫaš-šu bâba u-še-rib-ši-ma um-ta-ṣi it-ta-bal šib-bu aban iarâḫu ša ḳablê-ša
am-me-ni amêlu ḳêpu ta-at-bal šib-bu aban iarâḫu ša ḳablê-ja

ir-bi bi-el-ti ša ilu Allatu ki-a-am parṣê-ša

šêš-šu bâba u-še-rib-ši-ma um-ta-ṣi it-ta-bal ḫarrê ḳâtâ-ša u šêpâ-ša

---

1) IV R.  statt  2) Var. 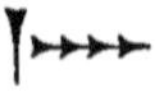 3) IV R falsch .

der Palast des Landes ohne Heimkehr möge deiner Ankunft sich freuen!"
Das erste Thor liess er sie betreten, entkleidete sie, die grosse Krone nehmend von ihrem Haupte.
„Warum, o Wächter, nimmst du die grosse Krone von meinem Haupte?"
„Tritt ein, meine Herrin, denn also sind der Erdenherrin Befehle."
Das zweite Thor liess er sie betreten, entkleidete sie, die Geschmeide nehmend von ihren Ohren.
„Warum, o Wächter, nimmst du die Geschmeide von meinen Ohren?"
„Tritt ein, meine Herrin, denn also sind der Erdenherrin Befehle."
Das dritte Thor liess er sie betreten, entkleidete sie, die Ketten ihr nehmend vom Nacken.
„Warum, o Wächter, nimmst du die Ketten von meinem Nacken?"
„Tritt ein, meine Herrin, denn also sind der Erdenherrin Befehle."
Das vierte Thor liess er sie betreten, entkleidete sie, das Schmuckwerk nehmend von ihrer Brust.
„Warum, o Wächter, nimmst du das Schmuckwerk von meiner Brust?"
„Tritt ein, meine Herrin, denn also sind der Erdenherrin Befehle."
Das fünfte Thor liess er sie betreten, entkleidete sie, den Gürtel mit Edelsteinen nehmend von ihren Hüften.
„Warum, o Wächter, nimmst du den Gürtel mit Edelsteinen von meinen Hüften?"
„Tritt ein, meine Herrin, denn also sind der Erdenherrin Befehle."
Das sechste Thor liess er sie betreten, entkleidete sie, die Spangen nehmend von ihren Händen und Füssen."

am-me-ni amêlu *kêpu ta-at-bal ḫarrê ḳâtê-ja u šêpê-ja*

ir-bi be-el-ti ša ilu *Allatu ki-a-am parṣê-ša*

sêbu-u bâba u-še-rib-ši-ma um-ta-ṣi it-ta-bal ṣu-bat šupil-ti ša zu-um-ri-ša

am-me-ni amêlu *ḳêpu ta-at-bal ṣu-bat šupil-ti ša zu-um-ri-ja*

ir-bi be-el-ti ša ilu *Allatu ki-a-am parṣê-ša*

Iš-tu ul-la-nu-um-ma ilu *Iš-tar ana irṣit lâ târat u-ri-du*

ilu *Allatu i-mur-ši-ma ina pa-ni-ša ir-'-ub*
ilu *Ištar ul im-ma-lik e-li-nu-uš-ša uš-bi*
ilu *Allatu pa-a-šu e-pu-us-ma i-ḳab-bi*
a-na ilu *Nam-tar sukalli-ša a-ma-[tum] iz-zak-kar*
a-lik ilu *Nam-tar pi[*1) *]ja-ma*
*šu-ṣa-aš-ši ana šu-lim[ ]*ilu *Ištar*
muruṣ ênâ [ ]ša
muruṣ a-ḫi a 2)*-[ ]* 3)
muruṣ šêpê a-[ ] 4)
muruṣ lib-bi a-[ ]
muruṣ ḳaḳḳadu 5)*[ ]*
ana ša-a-ša gab-bi-ša-ma a-na[ ]

Ar-ki ilu *Iš-tar bi-el-ti[ ]*
ana pur-ti alpu ul i-šaḫ-ḫi-[it atâna imêru ul u-ša-ra]

*ar-da-tum [ina sûḳi*6) *ul u-ša-ra [et-lu]*
it-til et-[lu ina ṭe-[mi]-šu]
[it-til ar-da-tum ina a-ḫi-[ ]ša]

---

1) Zu erkennen ist im Orig.  2) Im Orig. zu sehen. 3)  (IV R) im Orig. verwischt. 4)  nicht zu sehen. 5) Vor dem Bruche ist  zu sehen. 6)  zum Teil im Orig. noch zu erkennen.

„Warum, o Wächter, nimmst du die Spangen von meinen Händen und Füssen?"
„Tritt ein, meine Herrin, denn also sind der Erdenherrin Befehle."
Das siebente Thor liess er sie betreten, entkleidete sie, das Schamgewand nehmend von ihrem Leibe.
„Warum, o Wächter, nimmst du das Schamgewand von meinem Leibe?"
„Tritt ein, meine Herrin, denn also sind der Erdenherrin Befehle."

Als nun Istar hinabgestiegen war zum Lande ohne Heimkehr —
da erblickte sie Allatu, fuhr sie wütend an;
Istar, unbesonnen, stürzte auf sie los —,
da öffnete Allatu ihren Mund, zu sprechen,
Namtar, ihrem Diener, kund zu thun den Befehl:
„Geh, Namtar, öffne (?) mein [ ] und
führe sie hinaus, ... die Göttin Istar
mit Krankheit an den Augen [schlage (?)] sie,
mit Krankheit an den Hüften [schlage sie],
mit Krankheit an den Füssen [schlage sie],
mit Krankheit am Herzen [schlage sie],
mit Krankheit am Kopfe [schlage sie],
auf sie in ihrer ganzen Person [ ]. —

Nachdem Istar, die Herrin [ ],
lässt sich auf die Kuh nicht mehr nieder der Stier, auf die Eselin beugt der Esel sich nicht,
auf die Magd auf der Strasse nicht beugt sich der Herr.
Es schlief ein der Herr bei seinem Befehl,
es schlief ein die Magd bei ihrem [ ]. —

Revers.

ilu Pap-sukal sukal[1]) *[ilâni rabûti] gu-ud-du-ud ap-pa-šu pa-nu [ilu Šamaš]*
kar-ru la-biš ma-li-e na [ ]

il-lik ilu Šamaš i-na pa-an ilu Sin âbê-šu i-[bak-ki]
ina pa-an ilu Êa šarri il-la-ka di-ma-a-[šu]
ilu Iš-tar a-na irṣi-tim u-rid ul e-la-a

ul-tu ul-la-nu-um-ma ilu Iš-tar a-na irṣit lâ târat u-ri-du
a-na pur-ti alpu ul i-šaḫ-ḫi-it imêru atâna ul u-ša-ra

ar-da-tum ina sûḳi ul u-ša-ra [et-]lu
it-til et-lu i-na ṭe-[mi[2])*-]šu*
it-til ar-da-tum ina a-ḫi-[[3]) *]ša*
ilu Êa ina êm-ḳi lib-bi-šu ib-ta-ni [zik-]ru

ib-ni-ma Ud-du-šu-na-mir amêlu as-sin-nu
al-ka Ud-du-šu-na-mir i-na bâb irṣit lâ târat šu-kun pa-ni-ka
siba babâni irṣit lâ târat lip-pi-[ta[4])*] i-na pa-ni-ka*

lu Allatu li-mur-ka ina pa-ni-ka li[5])*-iḫ-du*
ul-tu lib-ba-ša i-nu-uḫ-ḫu kab-[ta[6])*-]as-sa ip-pe-rid-du-u*

tum-me-ši-ma šum ilâni rabûti
šu-ḳi ḳaḳḳadê-ka a-na su-ḫal zi-ḳi uz-na šu-kun

ê be-el-ti su[7])*-ḫal zi-ḳu lid-nu-ni mê ina lib-bi lu-ul-ta-ti*

Ilu Allatu an-ni-ta ina še-mi-ša
tam-ḫa-aṣ sûna-ša taš-šu-ka u-ba-an-ša

---

1) Fehlt IV R. 2) Fehlt nur 1 Zeichen. 3) Fehlt höchstens 1, vielleicht kein Zeichen. 4) So nach den Spuren. 5) sic! 6) So nach den Spuren. 7) sic!

Revers.

Pap-sukal, der Diener der grossen Götter, zerkratzte sein Antlitz vor Samas,
mit einem Trauergewand bekleidet, angefüllt mit [ ]".
Es ging Samas; vor Sin, seinem Vater [weinte er];
vor Ea, den König, kamen seine Thränen:
„Istar ist in das Land hinabgestiegen und ist nicht wieder emporgestiegen.
Seitdem Istar ins Land ohne Heimkehr hinabgestiegen ist,
lässt auf die Kuh sich nicht nieder der Stier, auf die Eselin beugt der Esel sich nicht,
auf die Magd auf der Strasse nicht beugt sich der Herr.
Es schläft ein der Herr bei seinem Befehle,
es schläft ein die Magd bei ihrem [ ]."
Da schuf Ea in der Weisheit seines Herzens ein männliches Wesen,
schuf den *Uddušunâmir*, den Götterdiener:
„Wohlan, *Uddušunâmir*, nach dem Thore des Landes ohne Heimkehr richte dein Antlitz,
die sieben Thore des Landes ohne Heimkehr mögen sich vor dir öffnen,
Allatu möge dich sehen, deiner Ankunft sich freuen.
Nachdem ihr Herz beruhigt ist und heiter geworden ihr Gemüt,
so beschwöre sie mit dem Namen der grossen Götter,
erhebe dein Haupt, auf den Quellort (?) richte deinen Sinn (scil. und sprich):
„„Nicht, o meine Herrin, möge versperrt bleiben der Quellort (?), vom Wasser darinnen will ich trinken."" —
Als Allatu dies hörte,
schlug sie ihre Lenden, biss sich in den Finger (und sprach):

te-ter-ša-an-ni e-riš-tum lâ e-re-ši
al-ka Ud-du-šu-na-mir lu-zir-ka eṣ-ra raba-a

riḫṣê nartabê âli lû a-kal-ka
hut ḫa-ba-na-at âli lû ma-al-ti-it-ka
ṣil dûri lû man-za-zu-ka
as-kup-pa-tu lû mu-ša-bu-u-ka
sak-ru u za-mu-u lim-ḫa-ṣu li-it-ka

Ilu Allatu pa-a-ša e-pu-uš-ma i-ḳab-bi
a-na ilu Nam-tar sukalli-ša a-ma-ta iz-zak-kar
a-lik ilu Nam-tar ma-ḫa-aṣ êkal kêtta
abnê askuppâtê [1]) *ṣa-ʾi i-na-ša abnê PA* [2])*-MEŠ*
i-na
ilu A-nun-na-ki šu-ṣa-a ina kussê ḫurâṣi šu-šib

ilu Ištar mê balâṭi su-[3])*luḫ-ši-ma li-ḳa-aš-ši ina maḫ-ri-ja* [4])

il-lik ilu Nam-tar im-ḫa-aṣ êkal kêtta
abnê askuppâtê u-ṣa-ʾ i-na-ša abnê PA-MEŠ
ilu A-nun-na-ki u-še-ṣa-a ina kussê ḫurâṣi u-še-šib
ilu Ištar mê balâṭi is-luḫ-ši-ma il-ḳa-aš-ši

išt-en bâba u-še-ṣi-ma u-te-er-ši ṣu-bat šupil-ti ša zu-um-
ri-ša
šâna-a bâba u-še-ṣi-ma u-te-er-ši še-mir ḳâtê-ša u šêpê-ša

šal-šu bâba u-še-ṣi-ma u-te-er-ši šib-bu abnu iarâḫu ša ḳablê-ša

rêb-u bâba u-še-ṣi-ma u-te-er-ši du-di-na-te ša gab-ša

ḫaš-šu bâba u-še-ṣi-ma u-te-er-ši nîru ša kišâdi-ša

šêš-šu bâba u-še-ṣi-ma u-te-er-ši in-ṣa-ba-te ša uznê-ša

---

1) Das auf  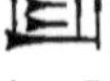 folgende 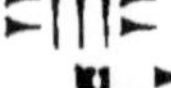 (IV R) fehlt im Original. 2) sic! 3) sic! 4) DEL. sah im Duplicat: 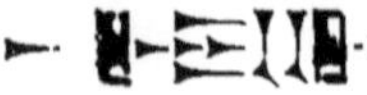*-ri-ja.*

„Du hast von mir verlangt ein unerfüllbares Verlangen —
fort, *Uddušunâmir*, ich will dich einschliessen in das grosse Gefängnis,
der Schlamm der Stadt soll deine Nahrung sein,
die Gossen der Stadt seien dein Trank,
der Schatten der Mauer deine Wohnung,
die Schwellen dein Wohnplatz,
Gefängnis und Einschliessung mögen brechen deine Kraft.“ —

Allatu öffnete ihren Mund, zu sprechen,
Namtar, ihrem Diener, kund zu thun den Befehl:
Geh, Namtar, zerschlage den ewigen Palast,
die Pfosten zertrümmere, dass die Schwellen (?) erbeben;

die Anunaks führe heraus, setze sie auf einen goldenen Thron,
die Göttin Istar besprenge mit den Wassern des Lebens; schaffe sie fort von mir!“
Namtar ging, zerschlug den ewigen Palast,
zertrümmerte die Pfosten, dass die Schwellen (?) erbebten,
die Anunak führte er hinaus, setzte sie auf goldenen Thron,
die Göttin Istar besprengte er mit den Wassern des Lebens und schaffte sie fort:
Das erste Thor führte er sie hinaus, gab ihr zurück das Schamgewand ihres Leibes
das zweite Thor führte er sie hinaus, gab ihr zurück die Spangen ihrer Hände und Füsse;
das dritte Thor führte er sie hinaus, gab ihr zurück den Gürtel von ihren Hüften, mit Edelsteinen besetzt;
das vierte Thor führte er sie hinaus, gab ihr zurück das Schmuckwerk ihrer Brust;
das fünfte Thor führte er sie hinaus, gab ihr zurück die Kette ihres Halses;
das sechste Thor führte er sie hinaus, gab ihr zurück die Geschmeide ihrer Ohren;

šêbu-u bâba u-še-ṣi-ma u-te-er-ši a-gu-u ra-ba-a ša ḳaḳḳadi-ša

šum-ma nap-ṭi-ri-ša lâ ta-ad-di-nak-kan-ma a-na ša-ša-ma têr [ ]

a-na ilu TUR-ZI ḫa-mir ṣi-iḫ-ru-[ti-]ša[1])
mê el-lu-ti ra-am-me-ik šamna ṭâba [ ]
ḫuššû lu-ub-bis-su imbûbu uknû lim-ḳut(?)[2]) *[ ]*

sal[3]) *U-ḫa-te li-na-ʾ-a kab-ta [*[4]) *]*
[lim-ḫa-aṣ] ilu Be-li-li šu-kut-ta ša u-šak-[ ]

abnê ênâ-te ma-la-a bir [ ]
ik-kil a-ḫi-ša taš-me tam-ḫa-aṣ ilu Be-li-li šu-kut-ta ša [u-šak-]
abnê[5]) *ênâ-te ša un*[6])*-tal-la-a pa-an [ ]*
a-ḫi e-du lâ ta-ḫab-bil-an-[[7])*ni]*
ina u-me ilu TUR-ZI el-la-an-ni imbûbu[8]) *uknû* [9]) *san-tu êt-ti-šu el-la-an-ni*

et-ti-šu el-la-an-ni amêlu  *MEŠ u sal*  *MEŠ*

ina  *le-lu-nem-ma tar-ri-in li-iṣ-ṣe-nu.*

Anmerkung. Oppert's Uebersetzung von Z. 46 — 58 lautet in der neuesten Veröffentlichung (fragments mythologiques, p. 8 ff.):

46. Pui Istar ne refusa pas sa libération, et retourna sur la terre supérieure en disant,

47. Elle dit au dieu Rejeton, le petit époux:

48. „Je voudrais rendre les eaux sacrées, ce serait mon bonheur (d'être là-bas auprès de toi.)

49. . . . Que elle brise la coupe d'albâtre (mystique)

50. Et que la joie apaise son courroux.

---

1) Im Orig. zu sehen. 2) Im Orig.  3) sic! 4) Orig.  5) Im Orig. zu sehen. 6) Sicher *un* (IV R trennte falsch!). 7) Fehlen 1—2 Zeichen. 8) Orig. . 9) Fehlt im Duplikat.

das siebente Thor führte er sie hinaus, gab ihr zurück die grosse Krone ihres Hauptes. —
„Wenn sie ihre Freilassung dir nicht gewährt, so wende zu ihr [dein 'Antlitz],
dem Tammuz, dem Gemahl ihrer Jugend,
giesse reines Wasser aus; kostbaren Balsam [ ],
mit einem Opfergewand bekleide ihn, eine krystallene Flöte möge er [ ],
die Uḫats mögen wehklagen mit schwerer [ ],
es möge zerbrechen die Göttin Belili das kostbare Gerät, das sie [ ],
mit Diamanten sollen gefüllt werden die [ ].“
Da vernahm sie die Klage ihres Bruders, es zerschlug die Göttin Belili das kostbare Gerät, das sie [ ],
mit Diamanten wurden angefüllt die [ ]:
„Mein einziger Bruder, lass mich nicht zu Grunde gehen,
in den Tagen des Tammuz spiele mir die krystallene Flöte, spiele mir das . . . . . . -Instrument,
zu dieser Zeit spiele mir, die Klagemänner und Klagefrauen
mögen auf . . . . . . -Instrumenten spielen, Weihrauch mögen sie atmen.

---

51. *Et que le maître des destinées lui impose le silence*).*
52. *Je remplirai de pierres voyantes le vide de mes genoux.“**)*
53. *. . . Le maître des destinées lui (à Allat) imposa silence.*
54. *Elle (Istar) remplit de pierres voyantes le vide de ses genoux et dit:*
55. *„Elle ne m'a pas endommagé une seule côte.*
56. *Et cependant, du temps du dieu Rejeton, on m'a ravi la coupe d'albâtre, on m'a ravi avec elle l'anneau de cornaline.***)*
57. *Avec lui on m'a enlevé les pleureurs des morts et les pleureuses;*
58. *Qu'ils remontent par les sacrifices, qu'ils flairent notre encens!“*

---

*) *Le dieu Tammuz.*

**) *Les pierres voyantes (litt. pierres à yeux) ont probablement la qualité de faire connaître l'avenir.*

***) *Ces allusions, se rapportant à des légendes inconnues, sont incompréhensibles pour nous.*

Zur Erklärung.

Obvers.

1. Zu *irṣit NU-GI-(A)* s. in dem Abschnitt über „die Namen der Unterwelt".

i-di [ ]. TALBOT's Ergänzung zu *i-di-ja* (SCHRADER, *l. c.* S. 22) hat nach Prof. DELITZSCH's Collation keinen Anhalt am Original. Aus dem S. 4 angedeuteten Grunde schlage ich die Ergänzung *idika* (Infin. von ידא$_4$ mit pron. suff.) vor (vgl. die Einführung der Erzählung des *Pirnapištim*, Sintfl. 11: *ilu Šurippak âlu ša tîdûšu atta)*.

2. *ilu Ištar mârat ilu Sin.* Auf das Auffällige dieser Angabe gegenüber dem Nimr. Ep. wurde bereits S. 3 aufmerksam gemacht. — Das Ideogr. *TUR-SAL* kann auch *bintu* gelesen werden; der (bisher unbelegte) st. constr. von *bintu* ist jedoch wohl *binat*, nicht *banat* (SCHRD.) zu lesen.

uzunša iškun, s. SCHRADER z. St., vgl. auch I R 27, 75. Sarg. Cyl. 34 ff. (par. *ṣurruš ustâbil libbašu ubla*) u. o., sowie die entsprechende Redensart V R 63, 3a; Neb. Bors. I, 5.

4. *bît êṭê.* So, nicht *êdê*, ist wegen der Var. zu lesen. Die gewöhnliche Subst.-Bildung von א$_6$טה ist *êṭûtu* „Finsternis", vgl. Obv. 9; II R 49, 25 ff. c d syn. *êklitu.* — OPPERT: *„maison de l'éternité"*?

ilu Irkalla, Beiname der Göttin Allatu, der Herrin der Unterwelt.

5. *êribušu*, Pt. Praes., nicht „Eingang“ *(nêribu)*, vgl. die var. *âsibu* Z. 7.

7. *zummû nûra.* זמה *excludere*, vgl. Asurb. VI, 103; IX, 96. — Oppert: „*la cécité remplace la lumière*“?

8. *ṭîṭu.* Zum Gedanken vgl. Nimr. Ep. X: *ṭîṭiš itêmê*, „zu Lehm ist (Eabani) geworden“; ASKT 121, Obv. 4/5: *kîma ṭîṭi êmê* „mache dem Lehme gleich“. Hebr. טִיט.

9. *imarû*, vgl. Haupt, *Sum. Fam.-Ges.* S. 10 Note 1; 42, Note 1 ff.

10 f. Vgl. Delitzsch zu Smith, *Chald. Genesis*, S. 315. *labšûma.* Zu dem Gebrauch des *ma* vgl. II R 39, 8 ff. e f. *sikûru.* Zum Ideogr. vgl. II R 15, 2 a b (  sic![1])). Zur Ausspr. vgl. II R 23, 34 b mit (II R 23, 43 b) II R 15, 2 a b. — סכר, syn. זמה (*zamû*, vgl. zu Z. 7) bedeutet „absperren, einschliessen“. Davon *sakru* „Absperrung“ Rev. 28.

13. 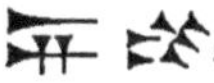, nach V R 13, 6 f. a b = *pitû, mušêlû* „Oeffner“. Nach einer von Smith zu Tig. iun. angegebenen Var. kann das Ideogr. auch *ḳêpu* gelesen werden. *ḳêpu*[2]) (קוף „bevollmächtigen“) bedeutet dann hier „Wächter“[3]), während es sonst einen höheren Beamtenrang bezeichnet; vgl. Sanh. I, 53. Asurb. VI, 84. III R 17, 57. II R 23, 18 e. Dasselbe Ideogr. ohne das Bildungselement *ni* IV R 1, 49 b, wo nach dem Original zu trennen ist: *ilu NE-GAB-NI GAB rabû*; vgl. auch  = *paṭâru* S[b] 345; II R 33, 3 a b.

14. *ḳêp me-e* „Wächter des Wassers“, Z. 13 „Wächter des Thores“ genannt. Der Pförtner ist also im Innern der bis hart an das Ufer der Gewässer des Todes heranreichenden, äussersten Ringmauer gedacht, das Thor derselben bewachend. Oppert übersetzt: „Wächter des Hauses“. Aber wo bedeutet *mê* jemals „Haus“?

---

1) Derselbe Druckfehler II R 18, 52 c. 2) für ק vgl. z. B. III R 10 Nr. 2, 37. 3) wie II R 56, 21 ff. c d, wo die „Wächter“ von *Êsagila* aufgezählt werden.

An מְעַיִם „Eingeweide" wird doch Oppert nicht gedacht haben?

19 f. Zur Erklärung dieser Zeilen s. Delitzsch zu Smith, *Chald. Genesis,* S. 313.

21 f. *pâšu êpušma iḳábî izákara ana . . .,* vgl. Z. 66 f. Rev. 29 f. Oft im Nimrod-Epos.

23. *izizî,* fem. sg. Imper. I, 1 von זוז (masc. *iziz*); vgl. Haupt, *Sum. Fam.-Ges.* S. 53.
lâ ta-na-ša-aš-ši. Zuerst von Delitzsch zu Zimmern, *Babylonische Busspsalmen,* S. 118, vgl. *Prolegomena* S. 64 Anm. 4, erkannt. *nâšu* (נויש) intr. „erbeben", tr. „erbeben machen, niederwerfen, umstürzen". IV R 45, 2 f. steht *inûš* im Parell. mit *ênaḫ,* dort ebenfalls auf Thore bezüglich. Dasselbe Verbum liegt in unserem Texte noch Rev. 32 und 36 vor. Das pron. suff. bezieht sich auf *daltu.* Schrader erklärt nach der falschen Lesung IV R. — Oppert: *„sois la bienvenue, Déesse, ne te fâche pas"*?

24. *lu-ša-an-ni.* Prec. II, 1 von שנה „doppelt sein", II, 1 „erzählen, kund thun."

26. *annitu mê,* Oppert: *„maitresse de céans"*?? Dass die respectvolle Anrede fehlt (Haug, *l. c.*), liegt an der Prägnanz der Erzählung, vgl. S. 6. Zur ganzen Zeile vgl. Delitzsch zu Smith, *Chald. Gen.* S. 316.

27. Auf eine Erklärung dieser Zeile muss ich verzichten; für *kippû* vgl. *AL*[3] S. 81 (K. 41), col. II, 47—49.

28. Die folgenden Zeilen schildern den Eindruck, den die Botschaft des Wächters auf Allatu machte (s. zu Z. 29—38); daher meine Ergänzung.

29—38. Alle bisherigen Erklärer wollen aus diesen Zeilen herauslesen, Allatu sei zornig geworden ob der Nachricht des Pförtners und habe ihre zornschnaubende Rede mit den Worten geschlossen: „mach ein Ende mit ihr etc." Die Sache verhält sich anders. Allatu ist erschrocken über die Nachricht, dass Istar in das

Land der Toten hinabkommt; denn sie steht voraus, was für schweres Unglück ihre Abwesenheit von der Erde hervorrufen wird. Sobald die Göttin der Liebe in die Unterwelt gebannt ist, muss auf Erden die Liebe aufhören und damit wird alles sociale Leben in Frage gestellt; der Mann wird die Gattin, die Sklavin den Gebieter verlassen, ja selbst die Mutter wird ihre Kindespflichten vergessen (Obv. 34—36, vgl. 76—80; Rev. 5—10). Alle diese Folgen voraussehend, sinkt Allatu hin, vom Schmerz überwältigt „wie ein gefällter Baum, wie abgeschnittenes Rohr“, und ruft aus: „Gleich der Ueberschwemmung der Sturmflut, gleich den Wassern einer gewaltigen Flut will ich weinen etc.“ Z. 37 f. wendet sich die Göttin an den Wächter und befiehlt, das Unvermeidliche zu thun und den freiwilligen Ankömmling einzulassen; denn wer vor den Thoren des Hades erscheint, „mit dem ist es aus nach uraltem Gesetz.“

29. *nikis*, st. c. von *niksu* (נכס fällen, bes. von Bäumen).

30. *ša-bat*, st. c. von *šabâtu* (hebr. שָׁבַת), „aufhören“, urspr. „abschneiden“. Diese von den Semitisten längst behauptete Grundbedeutung des Stammes שבת wird durch den Zusammenhang unserer Stelle und den Parall. mit *niksu* Z. 29 bestätigt. K. 4359 findet sich übrigens nach einer mündlichen Mitteilung des Herrn Prof. Delitzsch: *šabâtu ša šêim*, „abschneiden von Getreide“; vgl. Strassmeier, *Alphab. Wörterverz.* No. 944. *ku-ni-ni*, vgl. II R 32, 8 d e f. *ḳan ku-ni-na-a-te* „*kunini*-Rohr“. Das mir durch Herrn Prof. Delitzsch gütigst zur Verfügung gestellte unveröffentlichte Vokabular K. 4583 Rev. erklärt  („Sumpfrohr“) durch *ku-ni-nu ša [ ]*; dasselbe = . Die Gleichung  =  ist übrigens von Wichtigkeit für die Bedeutung von  Z. 33.

31. Schrader, der auf Uebersetzung der vorigen Zeilen verzichtet, befindet sich bei dieser im Irrtum. — *minâ* ist Fragepronomen, vgl. IV R 22, 55 a; 4 u. 6 b. *libbaša ubla.* Vgl. Sintfl. 13: *ana šakân abûbi ubla libbašunu ilâni rabûti*, ähnlich hebr. נָשָׂא נֶפֶשׁ, נָשָׂא לֵב: vgl. auch Guyard, *Notes sur quelques termes*, § 7.

33.  = *raḫâṣu* „überschwemmen", II R 24, 42, vgl. ASKT 114, 12. Die vorliegende Stelle fordert die Bedeutung „Ueberschwemmung" *(riḫṣu)*; Rev. 24 für dasselbe Ideogr. die Bedeutung „Schlamm". Beides passt zum Verbalbegriff *raḫâṣu.*

 = *mîlu* (mit phon. Complem.) und  = *mîlu mâdu* II R 39, 8. 10 g h.  steht II R 44, 8 g h unter „Getränken", vgl. auch zu Z. 30. — Schrader's Erklärung beruht auf Verkennung der Ideogramme.

34. *lubki*, vgl. Delitzsch zu Smith, *Chald. Gen.* S. 316.

35. *ardâtê.* Für die Bedeutung „Concubine" (Schrader) spricht vielleicht II R 32, Nr. 2, wo es (Z. 25) in der Nähe der *ḫarimtu, uḫâtu* etc. genannt wird. Dass das Concubinatsrecht der Herren über die Sklavinnen in Babylonien heimisch war, wissen wir aus Gesetzvorschriften, wie II R 35, Nr. 4. Bei den Hebräern erscheint es deshalb schon in frühester Zeit als alte Stammessitte, Gen. 22, 24; 36, 12. Von den Persern bezeugt es Herod. I, 135, von den Athenern Diog. Laert. 2, 26.

ištu . Zur Lesung vgl. II R 35, Nr. 4, 63. 67, zum Ideogr. vgl. auch II R 44, 16 g h.

36. *aplâni la-ki-i.* Schrader liest *lâ ki-i* und hielt letzteres für eine Abkürzung von *kêni.* Eine solche wäre unerhört. Sein Hinweis auf I R 21, 48 beruht auf Missverständnis der Stelle. *lâkû* ist im Assyr. syn.

1) Vgl. jetzt auch Jensen, *Zeitschrift für Assyriol.* I, S. 248 Anm.

von *ṣiḫru*, vgl II R 36, 34 ff. 51 ff. a b: *la-a-u* (לאה „schwach sein“) = *šar-ru* (sonst *še-e-ru*) = *da-aḳ-ḳu* (דקק „zermalmen“) = *la-a-ku-u.* Zusammengesetzt aus *lâ* + *akû*?

ina lâ ûmêšunu. Dieselbe Ausdrucksweise Pinches, *texts* 12, 31.

38. *ubbisima,* unsicher, wohl = *ubbitšima* (zum Lautübergang vgl. Delitzsch, *AL*³, Anmm. zu Sanherib), vom St. אבת „zu Grunde gehen“. Delitzsch, zu *Chald. Gen.* S. 316 denkt an חפש „bannen“, was dem Gedanken nicht recht entspricht. Oppert: „*mets-la nue*“, Talbot, „*strip her*“, entspricht dem Zusammenhange am besten. Ist etwa die Form *lip-pi-it* III R 55, 15 b in Betracht zu ziehen?

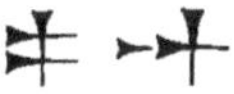 = *parṣu* „Befehl“ (von Göttern und Menschen gesagt), vgl. V R 19, 33. 34 c d mit II R 27, 16 f. g h; V R 11, 38 e f; ASKT 109, 38. Zu dieser Bedeutung passt vorzüglich das adj. *lâbiru* = *priscus* „altehrwürdig“. Schrader dachte an פָּרִיץ. Daher auch seine gezwungene Uebersetzung von Z. 38. 44 etc. — Oppert's Uebersetzung von Z. 29—33 ist mir unverständlich.

40. Die Halbzeilentrennung entscheidet allein schon die Frage nach der Abhängigkeit von *bêltî* und *Kûtu*. *bêltî* ist Anrede an Istar, wie Z. 23. 40. *Kûtu* bezeichnet, wie das Parallelglied *êkal irṣit lâ târat,* das Innere des *Arâlû*, vgl. IV R 26, Nr. 1; der Name ist von den Stadt Kutu auf die Unterwelt übertragen, weil Nergal, der Beherrscher der Unterwelt, dort als Lokalgott verehrt ward.

li-rêš[-ma]. ראשׁ „jauchzen“, Impf. *irêš.* Hiervon *rêšâtê* „Jubel“. Die Worte *Kûtu lirêš, ina pâniki liḫdû* repräsentieren die stehende, feierliche Begrüssungsformel. Dieselbe Wendung findet sich in den Inschriften Nabonid's, V R 65, 15 ff. b.

42. *ištên* als Ordinalzahl gebraucht für *maḫrû.*

um-ta-ṣi, I 2 von מְצָא, bez. מצץ, V R 29, 73 f e f syn. von *rapâšu* „hinbreiten". Hier prägnant für „Kleid hinbreiten" = „entkleiden, ausziehen"; vgl IV R 20, No. 1, Obv. 2. Die vollständige Phrase findet sich Nimr. Ep. 11, 12: *lubûšiki muṣṣîma êlîki lizlal* („dein Kleid ziehe aus, auf dich möge er sich legen") und Z. 18: *lubûšiša umdâṣîma*; vgl. auch Salm. Mo. Rev. 98[1]): *kîma ilu Rammânu êlîšunu riḫilta ušaznin u-ma-ṣi šalmat-šu-nu*, „gleich dem Sturmgott liess ich Ueberschwemmung über sie regnen, streute hin ihre Leichen"; vgl. endlich Tigl. II, 14. IV, 94. V, 94: *lûmêṣî (lûmiṣî)*.

it-ta-bal schliesst sich als Zustandsaussage (Hâl-Satz) an das Imperf. *umtaṣî* an. Die Form ist Praes. I 2 von חבל „wegnehmen" (Z. 43 *tatbal*).

45. *in-ṣa-ba-te* hat nichts mit נְזָם (Lenormant, Talbot, Schrader) zu thun. *anṣabtu* und *inṣabtu* „Ohrring" von נצב „infigere" (*ša êṣ, ḳanê* etc. II R 33, 4 ff. c d), vgl. II R 40, Nr. 3 Rev.

48.  = *nîru* „Halskette" II R 37, 57 g h (in derselben Bedeutung V R 15, 26. 52 (?) e f), oder *êrimmatu* (II R 40, 39 c d erklärt durch *âbî abni* „Vater der Steine"). Die Teile des Ideogramms  +  (= *kišâdu* „Nacken, Hals") sind hier auseinandergenommen und in genitiv. Abhängigkeit gebracht.

51. *dudînâtê*, Plur. eines Subst. *dudittu* (gegen Zimmern, *l. c.* S. 105), vgl. IV R 63, 51 b. Dort erscheint das Wort mit dem Determinativ  und steht in Verbindung mit *palagdu*, welches Wort von Jensen, *ZKF* II, 43, Anm. 3, vgl. 41, Anm. 1 mit ar. فَلْكَة in Zusammenhang gebracht wird. Wenn *êṣ dudittu* „*instrumentum est ab iis qui nebant usurpatum*" (Jensen, *l. c.*), so wird *dudînâtê*

---

1) Nach Herrn Dr. Craig's Collation.

irgend welches Produkt der Spinnkunst sein. Ein Gewand kann *dudînâtê* nach dem Zusammenhange unserer Stelle keinesfalls bedeuten (Z. 54 wird der Göttin Istar erst der Gürtel abgenommen!), sondern muss Bezeichnung irgend eines auf der Brust getragenenen Schmuckes sein.

54. *aban iarâḫu.* So ist das Ideogr. *TU* zu lesen nach II R 40, 59 a b, vgl. V R 29, 42 g. Näheres vermag ich über diesen kostbaren, oft erwähnten Stein nicht zu sagen.

ša ḳabliša. Derselbe Gebrauch des Wortes Nimr. Ep. 70, 9: *u šû ipṭur ḳablišu* „er lockerte seine Taille“, vgl. Sanh. VI, 5.

šibbu „Gürtel“ von שבב „rings umschliessen“ (Delitzsch, *AL*[3] Wörterbuch), wie hebr. (ה)חֲגוֹרָ von חגר. — Der Gürtel war den Orientalen ein unentbehrliches Kleidungsstück, um das Unterkleid beim Gehen zusammenzuhalten; vgl. 2. Mo 12, 11. 1. Kön. 18, 46. 2. Kön. 4, 29. Spr. 31, 17. Der Frauengürtel als Luxusgegenstand erscheint erst in den späteren Büchern des A. T., dürfte demnach Produkt babylonischen (Dan. 10, 5. 1. Macc. oft), vielleicht auch persischen Einflusses sein (vgl. Xen. Anab. 1, 4. 9, wonach den Weibern des Königs ganze Landschaften zur Bestreitung ihres Gürtelluxus zugewiesen wurden; εἰς ζώνην ist geradezu Ausdruck für „Luxusaufwand“).

57. *ḫarru* „Spange“ von חרר „rings umschliessen“. V R 28, 83 a b findet sich unter den Synon. für *unḳu* „Ring“ die Femininform *ḫartu* (das Wort ist also gut semitisch). — Ringe, Ketten und Spangen sind auch bei den Hebräern der beliebteste Schmuck der Frauen, vgl. Jes. 3, 17 f. Judith 10, 4.

60. *šupil-ti* (oder auch *balti*, Sanh.Kuj. 4, 7 neben *kuzbu* gebraucht, K. 4197 nach einer Mittheilung des Herrn Prof. Delitzsch *ba-al-ti* geschrieben); vgl. II R 28, 43 f. d e, wo sich die Masculin-Form dieses Nomens findet:  = *šupilu (ša zinništi)*; vgl. übrigens SCHRADER z. St.

64 f. Die knappen Worte dieser Zeilen verbergen in ihrer dramatischen Schilderung sicherlich den eigentlichen Grund der „Höllenfahrt". Nach Z. 64 könnte man meinen, der Umschlag der Affekte sei durch die Eifersucht hervorgerufen, die Allatu erfasste, als die Göttin der Liebe in unverhüllter Schönheit vor ihren Thron trat. Z. 65 aber weist darauf hin, dass der springende Punkt der Erzählung in Beziehung steht zu dem Mythus von Tammuz, dem Gemahl der Istar (vgl. die Einleitung und die Anm. zu Rev. 47), der alljährlich in den Hades hinabsinkt und den Istar hier stürmisch von der Höllenfürstin zurückfordert. Der Erzähler setzt diese Beziehung offenbar als bekannt voraus.

ina pâniša ir'ub. רהב „auf Jemanden einstürmen, Jem. heftig anfahren". OPPERT: *„se moqua d'elle à sa figure"* ?

ul immalik. מלך hat niemals die von SCHRADER angenommene Bedeutung „sich beherrschen". Das Verbum („entscheiden, beraten") ist hier gebraucht, wie Sintfl. 169, wo Ea zum streitbaren Bel spricht: *lâ tamtalikma abûba taš[kun]* „unüberlegt hast du gehandelt und hast die Sintflut angerichtet".

êlînûša ušbî. Von שׁבע müsste die Form *išbi* heissen (gegen SCHRADER). Auch ist das Verbum im Assyrischen in der Bedeutung „Verwünschungen ausstossen" nicht nachweisbar. Vgl. IV R 20, 4: *imna u šumêla pâni u arki*[1]) *uš-bi-'i.* Auch hier ist die Bedeutung „sich losstürzen" durch den Zusammenhang erfordert. Die Form dürfte demgemäss als Form III, II von בוא „kommen", eig. „hineingehen" mit innerlich transitiver Bedeutung, zu erklären sein.

1) Beachte die Aufzählung der 4 Himmelsgegenden, wie Ez. 21, 21.

67. *sukallu.* Zum Ideogr. vgl. S^b 77 mit V R 13, 1 ff. a b. III R 70, 35 u. o.

68. Nach den Spuren kann man an *pi-ta [ ]-ja-ma* „öffne mein . . . . . .“ denken.

69. *šulim [ ].* Schrader: „zur Verbüssung“ (scil. ihrer Strafe). Eine sichere Deutung ist bei dem verstümmelten Zustand der Zeile nicht möglich. Vielleicht kommt für *šûlu* V R 47, 46 a (= *êkimmu*) in Betracht.

70—75. Es fehlt offenbar auf jeder Zeile nur ein Imperativ mit pron. suff. *ša.*

76—80. Die richtige Erklärung der Stelle geht auf Talbot zurück: Mit Istars Hinabfahrt hört auf Erden die Liebe auf, und damit ist der Fortbestand aller menschlichen Ordnung in Frage gestellt; vgl. Z. 29—38. — Die Ergänzungen sind nach Rev. 7 ff. hergestellt.

76. Oppert fasst (gegen Schrader) *arki* richtig als Einführung des Nebensatzes: *après que.*

77. *išáḫit. šaḫâtu* (hebr. in שְׁחוּת, שְׁחִיתָה, שַׁחַת „Grube“ vorliegend, vgl. Delitzsch, *Prolegomena* S. 119) bedeutet „sich senken, sich herablassen, sich beugen“. Diese an unserer Stelle wegen des Parall. mit *ûšara* (s. unten) geforderte Bedeutung wird gesichert durch Stellen, wie V R 64, col. II, 52 (Parall. *maḳâtu*), II R 35, Nr. 4, Z. 70, vor allem durch ASKT 114, 12 ff. ( = 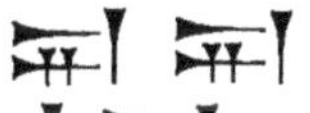 = *šaḫâtu*), vgl. mit K. 40, col. II, 11 ( = *ḳadâdu ša kišâdi*). Mit dieser jedenfalls ursprünglichen Bedeutung hängt das Subst. *šaḫâtu* „Seite“ zusammen. Uebertragen bedeutet das Verbum „demütig sein“ (I R 52, No. 4, Obv. 3: *ašru šaḫtu*), vielleicht auch „schamhaft sein“, Nimr. Ep. 11, 10. 17).

ûšara, St. ושׁר „niedrig sein, sich beugen“ (*ašru* „demütig“, *tûšaru* „Niederwerfung“, *šûšurtu* „Umsturz“). Nach S^b 2, 6 ff. (syn. *šaḫâpu*) kann der Stamm auch transitiv gebraucht werden. Ich ziehe für unsere Stelle die intr. Bedeutung vor, wegen der Parallele mit hebr. כָּרַע „sich beugen": כָּרַע עַל אִשָּׁה *„comprimere feminam"* (Hi. 31, 10).

78. *ina sûḳi ul ûšara.* Derartige sittliche Verwilderung, die allerdings noch heute in grossen orientalischen Städten nichts Unerhörtes ist, wird IV R 26, No. 5 fast noch naiver bezeugt. Mit solcher obscönen Sitte hängt wohl auch das rätselhafte, unter Wörtern für „Sprössling" u. ä. stehende *sumâk šûḳi* V R 29, 70 g h zusammen. Schrader's *sûḳu* „Verlangen" (תְּשׁוּקָה) ist unmöglich.  bedeutet überall „Strasse", bez. „Gasse" (סוק „eng sein").

79. *ittil*; zum St. נתל vgl. Delitzsch, *AL*[3] S. 143; bei Zimmern, l. c. S. 117. Ausser der l. c. besprochenen Stelle Sintfl. 201 kommt in Betracht: ASKT 119, 17: *ittatil ina êrši* „er schlief auf einem Polster"; V R 6, 6: *ša ina êlî ûšibû ittilû* „worauf sie gesessen und gelegen hatten" (die Formen sind leicht zu verwechseln mit denen von אהל „sich niederlassen", z. B. V R 3, 119: *ina šad mûši utûlma*; Nimr. Ep. 50, 2 f.: *utûlûma êtlê ina mâ'al mûši*).

Revers.

1. 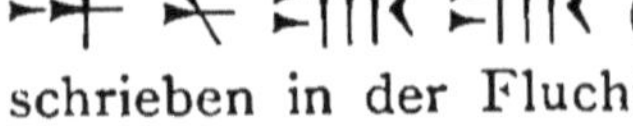 *(ilâni rabûti)*, phonetisch geschrieben in der Fluchformel III R 43/44, Col. IV, 25.  = *sukallu* (S[b] 77; V R 13, 1 ff. a b u. ö.) bezeichnet nicht den „Diener" im gewöhnlichen Sinne, s. darüber in dem Abschnitt über „die Bewohner der Seligengefilde" Kap. IV.  (gespr. *pap* nach III R 68, No. 3, 64) wird S[b] 1, col. II, 18 erklärt durch *âbû*. Die von Prof. Delitzsch, *Prolegomena* p. 111 f. aufgestellte

Grundbedeutung dieses Wortes als des „Entscheiders" passt vorzüglich zu dem Namen des *Pap-sukal*, der dann etwa zu vergleichen wäre mit dem *ἐύσκοπος Ἑρμῆς*,[1]) dem *διάκτορος* der griechischen Götter, der auch nicht als gewöhnlicher Bote, sondern als Vermittler erscheint, vgl. Il. 24, 24 ff. 334 ff. Od. 5. 28 ff. Wer speciell unter der Bezeichnung *Pap-sukal* gemeint ist, lässt sich nicht mit Sicherheit bestimmen. Wahrscheinlich ist es Marduk, ohne dessen Vermittlung die Scene nach der sonstigen Anschauung der Babylonier kaum gedacht werden kann; IV R 29, 7 a heisst er in der That: der Diener des Ea und Bel; V R 44, Col. II, Z. 23 wird  in Verbindung gebracht mit *lamâsu*, einem Epitheton, das eben dem Marduk als dem „schützenden Genius" *κατ' ἐξοχήν* zukommt, (vgl. IV R 29, No. 1, Rev. 3 ff.)[2]). — IV R 14, No. 3 heisst auch Nebo *sukalli ṣêri* „der erhabene Bote", Asurb. 5, 86 endlich ist *sukallu* Beiname des Nuzku, der IV R 5, col. 1 in der That die Rolle eines Götterboten repräsentiert. Vgl. zu *ilu Pap-sukal* noch Delitzsch, *Chald. Gen.* S. 317; Hommel, *Semiten* I, Note 389. 189. 508.

guddud appašu. גדד „einschneiden, ritzen", vgl. hebr. Derselbe Trauergestus bei den Hebräern, vgl. Jer. 16, 6. 41, 5. 47, 5; bei den Griechen, vgl. Virg. Aen. 4, 673; bei den Scythen, vgl. Herod. 4, 71: *μέτωπον καὶ ῥῖνα καταμύσσονται.* — Möglich bleibt allerdings, dass *guddud* babylonische Schreibung für *ḳuddud* ist: „er beugte sein Antlitz vor Samas".

2. *kar-ru la-biš* (so nach dem Original). *karru* bedeutet nach V R 28, 10 a b. 59 d (= *ṣubât a-dir*(sic!)-*ti*) „Trauergewand".

---

1) Merkwürdigerweise wird auch dieser Götterbote einmal (Od. 24. 1) mit der Unterwelt in Verbindung gebracht, und zwar als *ψυχοπομπός*, als Führer der abgeschiedenen Seelen.

2) Vgl. meine Bemerkungen hierüber *Zeitschr. f. Assyriol.* I, S. 206 ff.

4. *dimâ[šu]*, vgl. Asurb. Sm. 120, 29.

11. *ina êmḳi libbišu.* Er ist ja „Herr der unergründlichen Weisheit", vgl. Sintfl. 16. 165 f.

ibtanî zikru. Die Ergänzung ist gesichert durch Nimr. Ep. S. 8. Dort wird erzählt, dass die Mütter von Erech seufzen über die Allgewalt Nimrods, der durch seine Heldenkraft und Weisheit alle Töchter der Stadt an sich fesselt. Sie flehen deshalb zu seiner Mutter, der Göttin *Aruru*:

êninna binî zikaršu:
„jetzt schaffe ihm seinen Mann!"

Die Göttin willfahrtet der Bitte:

ilu Arûru annita ina šêmiša zikru ša ilu Anîm ibtanî ina libbi
ilu Arûru imtasî ḳâtâša ṭîṭa iḳtariṣ[1]) *ittadî ina ṣêri*
ilu Eabâni ibtanî ḳurâdu.

Als die Göttin *Aruru* dies hörte, schuf sie den Mann des *Anû* in ihrem Herzen,
Aruru wusch ihre Hände, knetete Lehm, warf ihn auf die Erde,
den *Êabâni* schuf sie, den Helden."

12. *Uddušu-nâmir*, d. h. „sein Licht leuchtet". (Zu dem gut semitischen Worte *uddû*, eig. „Helligkeit, Licht" vgl. Sanh. Kuj. 4, 6: *kîma ûmi uddê*, „gleich dem hellen Tage".)

asinnu. Das Wort ist gleichen Stammes mit *isinnu* (auch *isittu*, S^b 263. IV R 27, 27 b) „Fest", eig. wohl „Dienst, Gottesdienst" (vgl. Zimmern, l. c. S. 31, Anm. 1), Nimr. 13, 8 u. ö. Dasselbe Wort erscheint mit dem Id. *UR-SAL* II R 32, 22 e f, vgl. 31, 85 a. Das Id. *Ur-ilu-Ištar* (falls II R 27, 58 g h mit Dr. Zimmern so zu lesen ist) = *kalû* „Priester" scheint damit in Zusammenhang zu

1) zu קרץ vgl. קֹרַץ (Hi. 33, 9) vgl. Delitzsch, *Prolegomena* S. 155: eig.: „ein Stück Thon kneipte sie ab".

stehen. Es deutet vielleicht darauf hin, dass die betr. Priesterwürde speciell auf die „Höllenfahrt" der Istar und ihre Befreiung Bezug hat, deren Gedächtnis wahrscheinlich am Feste des Tammuz eine besondere Rolle spielte (vgl. die Einleitung).

15. Die Zeile ist ohne Schwierigkeit. Oppert: „*De son coeur s'éloignera la satisfaction et son courroux ne nuira plus*"??

16. *kabtassa* = *kabtatša*. *kabtat*, st. c. zu *kabittu* „Herz, Gemüt", wie *napištu*, *napšat*; vgl. zu diesem Worte Zimmern, l. c. S. 43 f.

ippêridû, IV, 1 von פרד „glänzen, heiter sein"; vgl. Zimmern, l. c. S. 44. 69.

17. *tummêšima*. St. חמה „sprechen, II, 1 „schwören, beschwören". Ich übersetze mit Lenormant, *Magie* S. 45: „beschwöre sie mit (beziehungsw. durch) den Namen der grossen Götter" (gegen Delitzsch, zu *Chald. Gen.* S. 317: „lass sie schwören"). Der „Name der grossen Götter" ist das machtvollste Beschwörungsmittel, über das nur Ea, der Gott der unergründlichen Weisheit, zu verfügen scheint. Der babylonische Ursprung des talmudischen und kabbalistischen Glaubens an den „geheimnissvollen Namen" ist längst erkannt (vgl. Lenormant, l. c.). Eine frappante Parallele zu unserer Stelle ist die, dass im mandäischen *Sidrâ rabâ Hibil Zavâ* nach dem Durchschreiten der 7 Stockwerke des Hades die Mächte der äussersten Tiefe durch seine Kenntnis ihrer geheimnisvollen Namen bezwingt.

18. *šuḳî ḳakkadêka*, par. *uznâ šukun*. Beachte den im Assyr. wie im Hebr. (z. B. 1. Kön. 20, 18) üblichen Chiasmus. Zum Gebrauch von *šaḳû* (Schrader: Schaf. von קוה?) vgl. Asurb. Sm. 9, 4: *ilu Marduk ú-ša-ḳa-an-ni êlî*, „Marduk erhöhte mich über (die übrigen Prinzen)".

suḫal zîḳi. Lenormant: „der fliessende Quell“; Oppert: „der Auferstehungsschlauch (!)“. — Vor allen Dingen ist zu beachten, dass der Sinn des Ausdruckes ausser Zweifel steht; denn nach der zweiten Zeilenhälfte muss das *suḫal zîḳi* ein Ort sein, in dem sich ein Wasserquell befindet, und aus Z. 34, wo Allatu, durch die Beschwörung „bei dem Namen der grossen Götter“ gebannt, dem Verlangen des Götterboten dadurch nachkommen muss, dass sie die Göttin Istar mit dem „Wasser des Lebens“ besprengt, folgt, dass jener *suḫal zîḳi*, auf den der Götterbote sein Augenmerk richten soll, den Quellort des Lebenswassers repräsentirt.

saḫâlu heisst „durchbohren“, vgl. Asurb. Jagdinschr. 2, 3: *ina azmâri ša ḳâtâ'a asḫul zumuršu*, „mit der Lanze meiner Hand durchbohrte ich seinen Leib“. Sintfl. 225: *siḫilšu kîma aḫartinnu* (vgl. II R 45, 59 d e) *u-sa[ḫ-ḫi-il]*, „seine Spitze durchbohrt wie die *Aḫartinnu*-Pflanze“; IV R 47, 46 b (vgl. V R 47, 1 b): *paruššu* (s. Delitzsch bei Zimmern l. c. S. 115) *usáḫilanni* „mit seinem Stabe durchbohrt er mich“. *suḫalu* muss demgemäss etwas wie „Loch“ bedeuten. Die Bedeutung „Quelle“, die man für unsere Stelle erwartet, wird nahe gelegt durch ein Fragment, dass Prof. Delitzsch in den Notizbüchern des verstorbenen G. Smith vorfand, wo *im-mi-in-*  wiedergegeben wird durch: *ina mê i-saḫ-ḫa-lu. saḫâlu* erscheint hier also an Stelle des gewöhnlichen *salâḫu* in der Bedeutung „besprengen“ (vgl. zu Rev. 34).

zîḳu. Unter den in Betracht kommenden Belegstellen des Stammes זיק, bez. זקה scheinen mir zwei für die Erklärung unserer Stelle besonders fördernd zu sein.[1])

---

1) In der oben citirten Stelle IV R 67, 46 b (V R 47, 1 b) finden sich merkwürdigerweise die beiden fraglichen Stämme זיק (זקה) und סחל nebeneinander: *parušša usáḫilanni zîkatum* . . . . . .

Salm. Lay. 98, 2 wird bei Aufzählung der Tributgegenstände Jehu's unter allerlei Schöpfgeräten auch ein *zakûtu* (זקה) aufgeführt. Vor allem aber kommt in Betracht Lay. 33, 17, wo es heisst: „Ein *bâb zi-i-ki* öffnete ich zur Linken des Palastthores". Man kann sich darunter sehr wohl eine Grotte vorstellen, die zur Erfrischung oder Reinigung für den Betreter des Palastes geöffnet ward. Dem *bâb zîki* würde dann unser *suḫal zîki* gut entsprechen, beide könnten term. techn. für „Quellgrotte, Quellort" sein.

19. *ê be-el-ti*, „nicht, meine Herrin (*bêltî*)"[1]). Negation *ê* (Nebenform zu *a-a (ai)*, z. B. IV R 1, 56 c), vgl. Nimr. Ep. 11, 10. *ê tašḫuti*, entspr. Z. 17: *ul išḫut*.

lidnûni. Ein Verbum דנה, bzw. חנה in der Bedeutung „versperren" fordert der Zusammenhang.

21[2]). *tamḫaṣ sûnašu*. Derselbe Trauergestus bei den Hebräern (Jer. 31, 19), bei den Griechen (Odyss. 13, 198).

taššuka ubânša. Zum Trauergestus vgl. ASKT 76, 24: Als Ea dies vernahm *šapatsu iššuk*, „biss er sich in die Lippe".

22. *têtêršanni êrêštum lâ êrêši*. ארש₁ begehren, wünschen, bitten", *êrêštum* „Verlangen" (V R 21, 9 d = *ḫišiḫtu*). Zur Verbalform *têtêršanni* (= *têtêrišanni*, 2. p. I, 2 mit pron. suff.) vgl. Delitzsch, *Prolegomena* S. 55 Anm.

23. *lûzirka*. *êzêru* erscheint V R 21, 12 c d mit dem Id. , das sonst „binden, bannen" bedeutet. Einfacher freilich wäre es, die Verbalform vom Stamme אצר₄ „einschliessen", vgl. *êṣru* = *êṣiru*, עֶצֶר, abzuleiten; allerdings müsste man dann für den bisher unbelegten Lautwert *ṣir* (neben *zir*) vindicieren.

---

1) Vgl. Delitzsch zu Haupt, *Sum. Fam.-Ges.* S. 75.

2) Eine Uebersetzung der Zeilen 20—28 giebt auch Halévy, *Journal Asiat.* VIII, t. 2, p. 451.

24.  vgl. zu Obv. 33.

25. *lut ḫabanât âli.* In dem Synonym-Verzeichnis für allerhand Behälter (Determ. *lut*) II R 22 Rev. werden neben einem  (d. h. „grosser Einschnitt") = *našpaku* „Ausguss" — drei   („kleine Einschnitte, Rinnen") genannt; darunter (Z. 21) *garânu*, das gewöhnliche Wort für „Rinnsal" (גרן „laufen, rinnen", vgl. V R 22, 9. 46 g h) und *ḫu-bu-un-nu* (Z. 20). *ḫabânu* ist also synon. von *garânu* und *ḫabântu* (Plur. *ḫabanâtê*) bedeutet „Rinne, Gosse, Schleusse" od. dergl. — Damit wird Schrader's Analyse (auch die Uebersetzung Halévy's l c.) hinfällig; *banat* bez. *binat âli* könnte überhaupt nicht „Erzeugnis der Stadt" bedeuten.

26. *ṣil dûri*, nicht *ṣil mûti* (Delitzsch, zu *Chald. Gen.* S. 317) ist im Parallismus mit *askuppâtu lû mušabûka* zu lesen.

27. *askuppatu* bez. *askuppu* (Plur. *askuppê*, *askuppâtê*), St. סכף „niederwerfen, stürzen" (Delitzsch, *AL*[3], Wörterbuch).

28. *limḫaṣû lêtka.* Schrader: „möge deine Kinder (*lêt* = *ledt* לֵדֶת) zermalmen". Das hätte bei dem soeben erst erschaffenen Götterboten wenig Sinn. *lêtu* (לאה „stark sein") ist das gewöhnliche Wort für „Macht, Kraft". Der Jüngling soll durch Hunger und Durst geschwächt und zu Grunde gerichtet werden.

sakru, vgl. zu Obv. 11. — *zamû*, vgl. zu Obv. 7.

32. *abnê askuppâtê ṣâ inâšâ.* *ṣâ* Imperat. II, 1 von צעה (vgl. hebr.) „beugen, neigen". Schon von Schrader richtig erkannt; vgl. auch Delitzsch zu Haupt, *Sum. Fam.-Ges.* S. 75. *inâšâ* (Ḫâl-Satz), Praes. von *nâšu* „erbeben", vgl. zu Obv. 23.

abnê 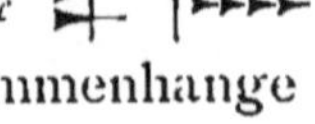, vgl. S[b] 211, muss nach dem Zusammenhange etwas wie „Schwellen" bedeuten.

34. *suluḫšima* (vgl. Z. 38: *isluḫ*). Schrader erklärt nach falscher Lesung *zuluḫšima*. סלח „reinigen, besprengen“, dann „vergeben“, vgl. hebr. — Sarg. Cyl. 29: *kullat nâkirê isluḫu îmat mûti*. IV R 66, 9 b; 22, 15 b: *amêlu apal ilišu suluḫ*.

liḳâši ina maḫri'a. ina maḫri'a muss, falls die Lesung richtig, so viel bedeuten, wie *ištu maḫri'a*; vgl. Z. 38 f.

46—58. Für den Sinn des Ganzen vgl. die Einleitung.

46. *taddinakama*. Schrader und Lenormant trennen falsch: *ta-di-na kan-ma*. Oppert und Lenormant übersetzen die Konjunktion *šumma*, bez. *šûma* (stets konjunktional) falsch (*ainsi*, bez. *puis*), um einen direkten Zusammenhang mit dem Vorhergehenden zu erzwingen; vgl. dagegen die Einleitung. *šâšama* ist pron. demonstr. mit hervorhebendem *ma*.

têr ist der regelmässige Imp. II, 1 von תור „sich wenden“, vgl. z. B. IV R 16, 51 b.

47. *ilu TUR-ZI*, vgl. Nimr. Ep. 44, 46 f., wo Nimrod unter andern Vorwürfen gegen die Göttin Istar auch den folgenden erhebt: *ana ilu TUR-ZI ḫâmiri ṣiḫrîtiki šatta ana šatti bitâkâ taltêmêšu* (*šâmu* „festsetzen“), „dem Tammuz, dem Gemahl deiner Jugend, verursachst du Weinen Jahr um Jahr“, vgl. die Einleitung. —  ist, wie IV R 29, Nr. 5, Rev. 3, abgekürzte Form für  (IV R 28, 48/49 a), wie Delitzsch bei Lotz, *Tigl. Pil.* S. 173 f. Anm. 7, und bei Baer, *lib. Ezech.* p. XVIII gezeigt hat und bedeutet „wahres, echtes Kind“, syn. *lib-lib-bu* II R 36, 54 e f. IV R 27, No. 1 wird er gepriesen als *rê'um bêlim ḫâmir ilu Ištar šar Arâlî u šubti (ša apsî) rê'um*, „der Hirte, Herr, Gemahl der Istar, König der Unterwelt, König der Wasserwohnung, der Hirte“. Das Nom. appellat. dieses Gottes ist *Du-u-zi* (ASKT 1, 44

Monatsname), auch *Dumuzi*, eine Form, die an das westsemitische תַּמּוּז anklingt; vgl. JENSEN, l. c. S. 17 ff.).

ḫâmir = *ḫâwir* von חור „sehen", eig. der „Bräutigam" (der ausersieht), vgl. ZIMMNRN, l. c. S. 17.

ṣiḫru. Zur Bedeutung „Jugendkraft" vgl. Sintfl. 268: *lûtûr ana ša ṣiḫri'ama* „ich will zurückkehren zu dem (d. i. zur Kraft) meiner Jugend".

48. *rammêk*, Imper. II, 1 (seltenere Form *kaššid* statt *kuššid*) von *ramâku* „ausgiessen", oft vom Trankopfer gesagt; zur Sache vgl. 1. Sam. 7, 6.

šamna ṭâba, שֶׁמֶן הַטּוֹב 2. Kön. 20, 13.

49. . V R 14, 40 f. e f wird dieses Ideogramm erklärt durch *ḫuššû*, bzw. *ruššû*, was sonst „festgefügt" u. dgl. bedeutet. Beide Ausdrücke stehen in einem Verzeichnis von allerlei Gewändern (Determ.  = *ṣubâtum* ib. 32 ff. c d)[1]), vgl. auch V R 28, 24 c d und vor allem 39 c d, wo *ḫuššû*, bez. *ruššû* erklärt wird durch *lubâru*[2]) *sâmu*[3]), „Prachtgewand".[4])

lu-ub-bis-su = *lubiššu*, Imper. von *labâšu* „bekleiden" mit pron. suff. Den Lautwert *ub* für  hat HAUPT zuerst erkannt.

GI-BU = *imbûbu* (V R 47, 12 b), bedeutet nach DELITZSCH bei ZIMMERN, *l. c.* S. 117 die „Flöte" (eig. „abgeschnittenes Rohr"); St. נבב, aram. אַבּוּבָא, ar. أُنْبُوب, أَنْبُوب, vgl. „*ambubajarum collegia*", Hor. sat. 1, 2, 1; Suet. Ner. 27. Zur Sache vgl. zu Z. 56—58.

1) ib. Z. 41 c d erscheint dasselbe Ideogramm (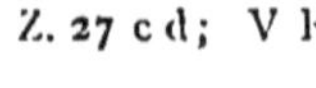) mit dem Determ. 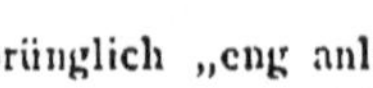 (= *silûtum*, סלה, vgl. Z. 27 c d; V R 28, 25 g h).

2) Ursprünglich „eng anliegendes Gewand" (לבר „eng anliegen, bedrängen"), dann allgemein Kleid, V R 28, 34 c d = *lubšu*.

3) Von סים „geschmückt sein", wovon auch *sântu* = *sâmtu* „Edelstein".

4) Vgl. endlich noch V R 15, 25 b c mit V R 19, 33 a b.

Uḫâtê. Sie erscheinen sammt den *Ḫarimâtê* Nimr. Ep. 48, 135 als Gesellschafterinnen der Istar. *ḫarimtu* und *uḫâtu* (nach II R 32, No. 2 Ausdrücke für „Hure“) sind jedenfalls ursprünglich Priesterinnen der Istar-Venus (vgl. קְדֵשָׁה, ursprünglich „Geweihte“ scil. der Astarte, dann „Buhlerin“). Am Feste des Tammuz stimmten sie die Wehklage um den dahingesunkenen Geliebten der Istar an (vgl. die Einleitung) und sollen hier die Beschwörung, die in eben jenen Tagen des Tammuz stattfinden soll (vgl. ib.), mit ihrer Klage unterstützen.

linâ', Precat. von נאה (1. plur. fem.) „wehklagen“, vgl. hebr. נהה Ez. 32, 18. Micha 2, 4 (?).

51. *limḫaṣ* ergänzt nach Z. 53.

ilu Belili (?). Eine weibliche Gottheit, vgl. II R 54, 11 e f: *A-tu-tu* = *Be-li-li*; III R 69, 17.

šukutta, vgl. Delitzsch, zu *Chald. Gen.* S. 318.

52. *malâ.* Permans. von מלא „voll sein“.

53. *ikkil*, st. c. von *ikkilu*, St. נאכל „finster sein“, II R 38, 63 c d (sic!) steht es neben *šêgû*[1]) „Busspsalm“, eig. „Taumelgesang“ (vgl. Zimmern, l. c. S. 1, Anm. 1) und anderen Wörtern für „Jauchzen, Geheul“. Die Bedeutung „Klage“ ist schon durch den Zusammenhang an unserer Stelle gesichert, erhellt aber evident aus einem kleinen, von Herrn Prof. Delitzsch kopierten Fragment K. 4119, Obv.: *ik-kil* [ ] = *ta-nu-ḳa-tum* und = *ri-ig-mu.* Sonst kommt das Wort noch vor S^b 1, col. 4, 5 und II R 16, 61 b. In letzterer Stelle beginnt ein Fragment, das man ohne zureichenden Grund für ein Stück der Oannes-Legende gehalten hat: *ana mê ilušunu itûru ana bît nadî itêrub ikkilum,* „zum Wasser kehrte ihr Gott zurück, in das Haus der Zerstörung trat Wehklage ein.“ Zu beachten ist

1) Die Schreibung mit *ê* wie IV R 61, 32 b.

vielleicht auch, dass das hier für *ikkilu* gebrauchte Ideogr. II R 61, 7 b einen Tempelnamen bezeichnet (die Schreibung *kil-lu* mit demselben Ideogr. findet sich auch V R 38, No. 2, Obv. Z. 5).

54. *untallâ* = *umtallâ*, II, 2 von מלא.

55. *êttišu* = *êntišu*, fem. von *ênu* (אן$_4$), „Zeit". Das gewöhnlichere ist *ênušu* „zu jener Zeit"; vgl. aber IV R 68, 23: *êtti balâṭsu*.

56—58. *êllâni, lêllûnêma*. Die Formen sind abzuleiten von אלל$_4$ „spielen" (von der Musik, vgl. hebr. עָלַל, für das assyr. von Delitzsch erkannt). Wir haben hier die bisher unbelegten Imperativ-Formen der Verba mediae geminatae: masc. *êllâ*, fem. *êllû*.

 und  müssen dem *imbûbû* entsprechende Klageinstrumente sein. (Zu  = *sântu* vgl. II R 19, 46/47 b; 51, 17 b).[1]) Es werden also hier 3 Instrumente der Trauermusik genannt. Bei den Hebräern war Klagemusik ebenfalls üblich (vgl. Am. 5, 16: יוֹדְעֵי־נֶהִי „Kundige des Klaggesangs"), aber von Klageinstrumenten ist uns nur die Flöte (חָלִיל) bekannt[2]): Mt. 9, 23; Josef. bell. jud. 3. 9. 5;[3]) Mischna Keth. IV, 4: ר׳ יְהוּדָה אוֹמֵר אֲפִילּוּ עָנִי שֶׁבְּיִשְׂרָאֵל לֹא יִפְחוֹת מִשְּׁנֵי חֲלִילִים וּמְקוֹנֶנֶת, „Rabbi Jehudah sagt: auch der ärmste Israelit muss (nämlich zum Begräbnis seiner Frau) wenigstens 2 Flötenspieler und ein Klageweib haben".[4])

1) Auf IV R 18, 42/45 *(sa-an-du)* und II R 26, 45 e f *(sa-am-tum)* macht mich nachträglich Herr Dr. Bezold aufmerksam.

2) Als Freuden-Instrument Jes. 5, 12; 30, 29; 1. Kön. 1, 40.

3) Die Behauptung Gesenius', *Thes.* II, 698, dass auch כִּנּוֹר ein Trauerinstrument gewesen sei, beruht auf gezwungener Exegese.

4) Lightfoot zu Mt. 9, 23 citirt einen Ausspruch des Maimonides אישות cp. 14, der auf diese Mischnah-Stelle zurückgehen dürfte, nicht auf Gem. fol. 46 b, wie Schöttgen's Ergänzung zu Lightfoot, l. c. meint (vgl. Wünsche, „*Neue Beiträge zur Erläuterung der Evangelien aus Talmud und Midrasch* S. 125).

Schabb. cp. 13, heisst es nach Ligthfoot zu Mt. 9, 23: „wenn ein Götzendiener am Sabbat Flöten bringt (zum Trauerhause), so soll ein Israelit zu diesen Flöten nicht Klage anstimmen". Andere Stellen aus Mischna vgl. bei Wünsche, *l. c.*, zu Mt. 9, 23. Nach Athenäus war die Flöte auch bei den Phöniziern als Trauerinstrument in Gebrauch, vgl. A. P. Pfeifer, *„Ueber die Musik der alten Hebräer"*, S. 45 f. Bei den Griechen ist der Trauergebrauch der Flöte nicht nachweisbar, wohl aber bei den Römern. Nach Ovid. Fast. 6, 657 ff. spielt das *collegium tibicinum* bei Trauerfeierlichkeiten eine grosse Rolle; vgl. auch Anm. zu Z. 49.

57. 𒀀 𒅆 (*amêlu* und *sal*) „Klagemänner und Klagefrauen". 𒀀 𒅆 (eig. „Wasser des Auges") = *bikîtum* (V R 11, 31 e f) „Weinen", *unnînu* (II R 8, 15 f. c d; V R 22, 11 e—h) „Totenklage", 𒀀 𒅆-*ku-mal* „Klagelied zur Herzensberuhigung" (vgl. Zimmern, l. c. Einleitung). Klagefrauen sind bekanntlich nicht allein bei den Orientalen, sondern auch bei den Griechen und Römern zu finden. Unter den Klagemännern sind wohl die „Kundigen der Klagemusik" zu verstehen (vgl. die oben erwähnten יוֹדְעֵי־נֶהִי Am. 5, 16).

tarrin lêṣênu, s. hiezu Genaues bei Zimmern S. 98 f. Für *tarrinu* möchte ich wegen IV R 25, 59/60 b; 20, No. 1, Obv. 26/27 und wegen des Verbums *êṣênu* die Bedeutung „Weihrauch" vorziehen; vgl. auch Guyard, *Notes de lexic. assyr.* § 69 (*Journ. Asiat.* VII, t. 1). Ebenso Oppert: *„qu'ils flairent notre encens"*.

KAPITEL II.

Tod und Grab.

Die Götter des babylonisch-assyrischen Volkes sind Götter der Lebendigen, die den Frevel bei Lebzeiten strafen und bei Lebzeiten Gutthat vergelten. Das Glück der Frommen ist Gemeinschaft mit den Göttern, Gottverlassenheit ist die Strafe der Frevler. Als Lohn für rechtschaffenen Wandel gilt irdische Wohlfahrt, langes Leben, dauernde Nachkommenschaft.[1]) Die Gebete der Könige flehen um ein Leben ferner Tage, Ruhe vor Feinden, Freude des Herzens, Gesundheit des Leibes und ewige Herrschaft im Lande für die Nachkommen. Tiglathpileser I. sagt von seinem Grossvater Asurdan[2]): *êpšit ḳâtêšu u nadân zêbišu êlî ilâni rabûti iṭîbuma šêbûta u labirûta illiku*, „das Werk seiner Hände und seine Opferspenden gefielen den Göttern wohl, und so gelangte er bis ins höchste Greisenalter". Nabonid[3]) betet zum Mondgott: *jâti Nabû-nâ'idu šar Bâbili ina ḫiṭu ilûtika rabîti šûzibannima balâṭu ûmu rûḳûti ana širikti šurḳâm*, „mich, Nabonid, König von Babylon, bewahre vor Versündigung an deiner grossen Gottheit und ein Leben ferner Tage schenke mir zum Geschenk", und für Belsazar, seinen Erstgebornen, fleht er: *puluḫti ilûtika rabîti libbuš šuškinma ai iršâ ḫiṭîti lalê balâṭi lišbî*, „die Furcht vor seiner erhabenen Gottheit lass in seinem Herzen wohnen, dass er nicht in Sünde willigen möge; mit Ueberfluss an Leben werde er gesättigt". Der König Sargon sagt[4]): *aššu ṭâbu napišti ûmê rûḳûti nadânimma u kunnu palê'a na'diš akmis*, „zum

1) Die Sorge um Kindersegen spielt eine ähnliche Rolle wie bei den Hebräern, vgl. z. B. PINCHES, *Texts* 11, 8. 13, 8. Sarg. Cyl. 70.

2) Tigl. Pil. VII, 52 ff.

3) I R 68, No. I, 22 ff. ab; vgl. zuletzt DELITZSCH, *Calw. Bib.-Lex.* Art. „Belsazar".

4) Khors. 174.

Zwecke des Wohlseins des Lebens, der Verleihung langer Tage und der Festigung meiner Herrschaft warf ich mich feierlich nieder". In einem Briefe[1]) sagt der Schreiber von der „Herrin des Lebens", sie sei „die gnädige Gottheit" *ša ûmê arkûtê šîbûtu littûtu šulmu balâṭi ana šarri tadanûni*, „welche langes Leben, Greisenalter, Nachkommenschaft, Frieden im Leben dem König verliehen".

Dagegen sind Krankheit und Siechthum, Ausrottung der Nachkommenschaft, plötzlicher Tod — Strafe für Frevel auf Erden. In einer Beschwörungsformel heisst es[2]): *lâ pâliḫ ilišu kîma ḳanê iḫtaṣṣi*, „wer seinen Gott nicht fürchtet, wird gleich einem Rohre abgeschnitten". Dem Verstörer der geheiligten Königsinschrift drohen die Worte[3]): *ilu Rammânu ištên ûma lâ balâṭsu liḳbî šumšu zêršu ina mâti luḫallik*, „der Gott Ramman befehle, dass er nicht Einen Tag länger lebe, sein Name und Same werde im Lande vertilgt". Ein anderer Fluch schliesst mit den Worten[4]):

šumšu liḫliḳ lillapit zêršu
ina unṣi u bubûti[5]) *napištuš liḳtî*
limḳut šalmatsuma
ḳibîra (sic!) *ai iršî.*

„Sein Name werde ausgetilgt, sein Same gestürzt,
in Bedrängnis und Hungersnot möge sein Leben enden,
es werde hingeworfen sein Leichnam,
kein Begräbnis soll er bekommen."[6])

So empfängt der Mensch auf Erden das Seine: Lohn oder Strafe, wie es seinem Wandel gebührt. Zwar schliesst,

1) V R 53, Nro. 4 Rev.
2) IV R 3, 5 f. a.
3) Tigl. Pil. VIII, 87 f.
4) V R 61, 48 ff. a.
5) Zum Ideogramm vgl. II R 17, 22 cd.
6) Ueberraschende Parallele zu Jes. 14, 20. Vgl. übrigens auch V R 70, 21 ff. IV R 12, 8 ff. III R 43, col. II—IV, Fluchformel mit dem Refrain: *arrat lâ napšuru lirurûšu* „mit unlösbarem Fluch sollen sie ihn verfluchen". Sarg. Cyl. 76 f. Asurb. III, 121 ff., die Drohworte, die ein Priester Asurbanipals im Traume auf die Mondscheibe geschrieben sieht.

wie wir sehen werden, die assyrisch-babylonische Volksvorstellung auch jenseits des Grabes eine Vergeltung des Frevels nicht aus, aber das Hauptgewicht liegt auf der irdischen Abrechnung, — der Tod macht alle gleich, reisst auch die Frommen aus ihrer Gemeinschaft mit den Göttern heraus. Die Gewissheit, im Tode der rettenden Hand der Götter entrückt zu sein, ist der bitterste Tropfen im Todeskelch. Schwere Krankheit giebt einen Vorgeschmack dieses schrecklichen Zustandes. Im IV. Bande des Inschriftenwerkes ist uns das Gebet eines Leidenden aufbewahrt[1]), der unter dem Beistande eines Freundes oder Priesters[2]) sich in Klagen von ergreifender Inbrunst ergeht, ähnlich den Seufzern des Sängers von Ps. 88, „der geachtet ist gleich dem, der zur Unterwelt fährt". Der Kranke wendet sich an die Gottheit, von der menschliche Erfahrung sagen kann: *têṣlîtu tašêmâ* „du erhörst Gebete". Und er hofft auf gnädige Erhörung; darf er doch von sich sagen: *palâḫ ili ṭub libbija*, „Gottesfurcht ist meine Herzensfreude." Aber er muss klagen: *[ûmu šutânuḫu mûšu girrâni* [3]) *arḫu ḳitaiulu* [4]) *idirtu šattu]* [5]), „der Tag ist Seufzen, ein Thränenstrom die Nacht, Schreien der Monat, Elend das Jahr"; . . . . . . *[êṣ il-lu-ur-tum* [6]) *šêrija nadâ idai maškan* [7]) *râmnîa mukkut šêpai]* [8]), „in die Bande meines Leibes ist gelegt meine Kraft, die eigenen Fesseln bringen meine Füsse zu Fall." Kein Arzt, kein Zauberer kann den Bann seiner Krankheit ihm lösen.[9]) Darum hat er

1) IV R 67 Nro. 2. Zum Teil ergänzt durch V R 47; vgl. die Notiz über den Text bei BEZOLD, *Assyrisch-babylonische Literatur.*

2) Obv. 50: *nigûtašu ana damiktim lipitma.*

3) Nach V R 47, 31 a (vgl. 22, 46 gh) = *bikîtum.*

4) Nach V R 47, 33 a = *ḳûlu.* Infinitivform?

5) Zum Obv. ergänzt nach V R 47, 31—33 a.

6) Nach V R 47, 58 a syn. *izḳatum* „Fessel".

7) Nach V R 47, 59 a = *birîtum* (ברה „binden").

8) Zum Rev. ergänzt nach V R 47, 57 ff. a.

9) Dass Menschenhilfe nichts vermag, bekennt ein merkwürdiger Eigenname (II R 63, 42 c): *Al-duglâ-nišê*, „schau nicht (vertrauend) auf Menschen";

sich hilfeflehend direkt an die Gottheit gewandt; aber *ul irûṣa ilu ḳâtî ul iṣbat ul irîmanni ilu ištâri idâ'a ul illik*, „kein Gott half, keiner fasste meine Hand, kein Gott erbarmte sich mein, keine Göttin trat mir zur Seite". Endlich aber naht die ersehnte Erlösung. Der Errettete dankt und schliesst mit einem Gelübde der Gottesfurcht für ihn und sein ganzes Haus.

Kann auch die Gnade der Götter einmal erlösen von den Banden des Todes, endlich naht das Verhängnis, „der Tag, der nicht freigiebt" (*ûmu lâ padû*)[1]), und Niemand weiss, wann er kommt: „Wer am Abend zuvor noch lebte, — bei Tagesanbruch ist er tot" (*ša ina amšat iblutu imût uddêš*[2]), „des Todes Tage sind unbekannt" (*ša mûti ul uddû ûmêšu*[3])).

Der Leichnam heisst *šalamtu* als der, „mit dem es ein Ende hat", der Todestag *ûm idirti*[4]), „Tag der Bedrängnis", *arḫu lâ mušallimu šatti*[5]), „der Monat, der das Lebensjahr nicht zur Vollendung kommen lässt", und von dem Sterbenden sagt man: Er geht *ana ḫarrâni gâmirat nišê*[6]), „auf dem Wege da es aus ist mit den Menschen", oder, wie der Tafelschreiber hinzufügt: *mupaššiḫat amêlûtê*, „der die Menschenkinder zur Ruhe bringt". Weiter heisst es: (Er geht) *ana irṣitim rûḳti šá lâ innâmaru*, „zu dem fernen Lande, das man nicht sieht"[7]), *ana ṣirḫi ša mitûtê*, „zum Wehgeschrei der Toten"[8]); vgl. ausserdem den Eingang

---

vgl. hierzu auch den Orakelspruch an Asarhaddon Z. 12 (*Assyr. Lesest.*3): *ina êlî amêlûti lâ tatakil*, „Auf Menschen vertraue nicht" (Ps. 118, 8: בָּטֹחַ בָּאָדָם).

1) Vgl. II R 26, 37 bc. I R 17, 7. 18. 20. 26, 118. Nimr. Ep. XII. Taf. *passim*.

2) IV R 67, Nro. 2, Obv. 61.

3) Nimr. Ep. Taf. X, col. VI.

4) II R 32, 13 ab, vgl. IV R 30, 12 c.

5) IV R 30, 14 c.

6) IV R 30, 17 c.

7) IV R 30, 20 c.

8) *ibid.* Z. 16.

der „Höllenfahrt der Istar" S. 10f. sowie die parallele Schilderung Nimr. Ep. 17—19.

Zusatz. Nimrod klagt (Nimr. Ep. XII. Tafel) um seinen Freund Eabâni mit den Worten:

tazîmti irṣitim iṣṣabatsu

. . . .

ilu Namtar ul [*iṣbatsu*] [1]) *ašakku* [2]) *ul iṣbatsu irṣitim iṣbatsu*
rab[*iṣ ilu Nêrgal*] *lâ padû ul iṣbatsu irṣitim iṣbatsu*
ašar taḫâz zikarê [3]) *ul imḫaṣ-šu irṣitim iṣbatsu.*

„Das Weh der Erde hat ihn hinweggerafft,

. . . .

Die Pest hat ihn nicht weggerafft, die Schwindsucht hat ihn nicht weggerafft, die Erde hat ihn weggerafft,
Der Dämon Nergal's, der schonungslose, hat ihn nicht weggerafft, die Erde hat ihn weggerafft;
Der Ort der Männerschlacht hat ihn nicht geschlagen, die Erde hat ihn weggerafft."

2. Die Kenntnis der babylonisch-assyrischen **Gräberwelt** ist uns zur Zeit noch fast gänzlich verschlossen, denn nicht nur die in Nimrud, Kujundschik und Khorsabad gefundenen Gräber erweisen sich als nicht-assyrischen Ursprungs, auch die babylonischen Gräberstädte Mugheir, Warka und Tel-el-Lahm sind ihrem Alter nach zweifelhaft.[4]) Merkwürdigerweise hat man aus der Thatsache, dass in Assyrien keine Spur von Gräbern zu finden ist, den

---

1) Ergänzt nach den Wiederholungen der anderen Columnen.

2) Vgl. II R 17, 45 ff. 18, 65 (ASKT). V R 50, 40 a. Ist hebr. חָשַׁךְ, eig. „einschrumpfen", zu vergleichen?

3) *ašar taḫâz zikarê* bezeichnet das Schlachtfeld als den Platz, da die Kämpfer des Kriegsgottes eines ehrenvollen Todes sterben (vgl. Kap. V). Das Ganze besagt, dass dem Helden Eabani ein ehrenvoller Tod versagt blieb, dass es ihm sogar versagt ward, nach gewöhnlicher Menschenart, durch Pest oder Fieber hinweggerafft, zu sterben; durch den Stich eines armseligen Insektes (eines *tambukku* vgl. II R 5, 26 b) kam der Held elendiglich um.

4) S. jetzt die Besprechung dieser babyl. Gräberstädte bei HOMMEL, *Geschichte Babyl.-Assyr.* S. 245 ff.

Schluss gezogen, man habe dort die Toten überhaupt nicht begraben (vergl. PERROT, *histoire de l'art dans l'antiquité. Assyrie*, S. 347 ff. im Anschluss an HOFFMANN, *Archaeolog. Zeitung*, 1878, pp. 25—27 u. A.). Statt dessen hat man die abenteuerlichsten Vermutungen aufgestellt: die Assyrer hätten die Leichen ihrer Krieger in den Fluss geworfen, wie heutzutage die Hindus (PLACE, *Ninivch* t. II, p. 184), oder die Toten des ninivitischen und babylonischen Reiches seien in den geräumigen Gräberstädten des alten Babylon beerdigt worden, auf grossen Schiffen dahin gebracht, um in dem ehrwürdigen Lande der uralten Volkserinnerungen die letzte Ruhe zu finden (LOFTUS, *travels and researches in Chaldean and Susiana*, p. 199. Ihm folgend MÜRDTER, *Geschichte Babyloniens und Assyriens*; ED. MEYER, *Geschichte des Altertums*, I, S. 181 f. u. A.). Begründet werden solche Aufstellungen hauptsächlich dadurch, dass in den assyrischen Inschriften keine Gräber erwähnt seien. Dies aber steht mit den Thatsachen in Widerspruch. Wir wissen nicht allein, dass Asurbanipal von dem Enkel des Merodachbaladan ausdrücklich sagt, er habe seinem Leichnam kein Grab gewährt (Asurb. VII, 45) und dass *Nabû-apal-iddin*, der König des zweiten babylonischen Reiches, den Zerstörern seines Werkes mit dem Fluche droht: *ḳibîra ul irši* „kein Grab soll er bekommen", — die Annalen des Sanherib erzählen ausdrücklich von Mausoleen und Gräberstätten inmitten von Nineveh. Sanh. Bell. (LAY. 64) 46 f. lautet[1]): *êkal . . . . . . ša šarrâni âlikût maḫri âbê'a ana rimêti* (var. *rimêt*) *bêlûtišun ušêpišûma lâ unakkilû šipirša nâru Te-ne(?)-ti agû šitmuru ša ina nâšiša*[2]) *gêgunê*[3]) *ḳabalti âli u'abbitu*[4])

---

1) Nach Prof. DELITZSCH' Kollation.

2) *nâšu* (vgl. DELITZSCH zu ZIMMERN, *Bab. Bussps.* S. 118) hier in der Bedeutung *percellere*, wie Höll. Ist. Obv. 23, 5; zu dem Worte im Vergleich mit hebr. נויש siehe DELITZSCH, *Prolegomena* S. 64, Anm. 4.

3) Sonst Name für die „Unterwelt", s. unten Kap. III.

4) Var. (Sanh. Rass.) *u'abbituma*. und kein Determ. vor *ḳimaḫḫê*, also an Stelle von .

ḳima ḫêšunu nakmûti (var. *pazrûti*[1])) *ukallimu ilu Samšu*, „(den Palast) . . . ., den die Könige, meine Vorfahren, zum Sitz ihrer Herrschaft erbaut, dessen Ausbau sie aber nicht vollendet hatten, den Fluss Tene(?)ti, die wüthende Strömung, die infolge ihres Anpralls „die finstern Wohnungen" (d. i. die Gräberstätten) inmitten der Stadt zerstört hatte und ihre (eben dieser Gräberstätten) Mausoleen, die dort aufgehäuft (var. verborgen) waren, das Sonnenlicht hatte schauen lassen etc.". Wir finden also in Nineveh Gräberstätten inmitten der Stadt und dürfen vermuten, dass die Mausoleen derselben die Leichname der Könige (entsprechend den Königsgräbern auf Zion), vielleicht auch die der Priester und Grossen des Reiches bargen (bekanntlich durften ja auch bei den Hebräern nur Propheten in der Stadt begraben werden, vgl. 1. Sam. 25, 1. 28, 3); die Gräberstätten des Volkes mögen sich wohl aus praktischen Gründen ausserhalb der Stadt befunden haben.

Epitaphien sind leider bisher nicht aufgefunden worden. Ueber die Beschaffenheit der babylonischen Gräber und Särge findet man alles Wissenswerte bei Perrot l. c. Jedoch sind die Untersuchungen mit Vorsicht aufzunehmen, da das Kriterium des Alters der Gräber und Gräberstädte, wie gesagt, noch schwankend ist. Die bei Schrader, *Semitismus und Babylonismus* erwähnten Thonsärge des Britischen Museums stammen aus der Partherzeit. Die Verzierungen auf denselben, die Prof. Schrader ursprünglich für Darstellungen des Lebensbaumes hielt, haben sich dem genannten Gelehrten nach einer mir gütigst zugesandten Mitteilung bei genauerer Untersuchung als einfache Ornamente erwiesen.

Auch über die Trauerfeierlichkeiten geben die Inschriften Auskunft. Gemäss dem Schluss der „Höllenfahrt der Istar" (vgl. S. 7; zu Rev. 48 ff. S. 22 f. 41 ff.) brachte

---

1) Vgl. *puzrâtê, pazrâtê*, Asurb. VI, 31. 65. 69 von religiösen Mysterien gebraucht.

man den Manen der Toten Trankopfer dar, stattete das Totenbett mit Spezereien aus[1]), während Klagegesang und Klagemusik die Totenfeier begleiteten.[2]) Auch an einer andern Stelle erfahren wir von Totentrankopfern und Klageceremonien, die an den Gräbern veranstaltet wurden. Mit einem zerrissenen Gewande bekleidet steht Asurbanipal trauernd an den Gräbern seiner Vorfahren und ehrt ihr Gedächtniss durch Opfer, Klage und Gebet. Er selbst erzählt[3]): *adî kispê nâḳ mê*[4]) *ana êkimmê*[5]) *šarrâni âlikût*

---

1) Vgl. den jüdischen Gebrauch 1. Chr. 16, 14. Jes. 34, 5. Jos. Antiqu. 17, 8, 3.

2) Aehnlich bei den Aegyptern (noch heute), vgl. MASPÉRO in den *Étud. égypt.* p. 80 ff., bei den Griechen, vgl. Soph. Ajax. 1156. Isocr. Panath. p. 638. Näheres hierüber s. zu Höll. Ist. Rev. 48 ff. S. 41 ff.

3) In den von PINCHES veröffentlichten *Texts* S. 17.

4) *kispê nâḳ mê* muss nach dem Zusammenhang dieser und der S. 54 citierten Stelle term. techn. für eine Trauerceremonie sein, die zu Ehren des Verstorbenen angestellt ward. Herr Prof. DELITZSCH macht mich darauf aufmerksam, dass II R 32, 12 a wahrscheinlich [*ûm ki-*]*is-pi* (Spuren von  sind im Original zu sehen) zu lesen ist, so dass Z. 12 f. ab die Gleichung bieten würde: *ûm kispi* = *bu*(sic!)*-ub-bu-lum* = [*ûm*] *nu-mid-ti-im* (!) = *ûm idirti*, wodurch für *kispu* die Bedeutung „Wehklage, Trauerklage" gesichert wäre. Dass *nâḳ mê* ein Berufsname ist, zeigt IV R 12, 35, wo es in einer Verfluchung heisst: *zêrašu lilḳutma nâḳ mê* (= *amêlu*  ) *ai irši*, „seinen Samen möge er vertilgen, nicht einen *nâḳ mê* soll er haben". Vergleicht man diese Worte mit dem oben S. 47 citierten Fluch, so scheinen sie zu bedeuten: Seine ganze Nachkommenschaft soll ausgetilgt werden, so dass ihm nicht einmal einer übrig bleibt, der ihm die letzte Totenehre erweist. Demgemäss würde *nâḳ mê* („Wasserausgiesser") Bezeichnung sein für den, der die Libation am Grabe des Toten verrichtet (zur Sache s. S. 42 zu Höll. Ist. Rev. 48).

5) *êkimmu* und *utukku* sind die beiden Bezeichnungen für die „Geister der Verstorbenen". Beide sind ursprünglich Dämonennamen. ASKT 82/83 Z. 1 ff. nennt neben dem *utuk* des Feldes, Berges etc. den *utuk* des Grabes (vgl. Kap. III, 3) und der Geist Eabani's, der aus der Erde emporsteigt (Nimr. Ep. XII. Taf., vgl. Kap. V), wird *utukku* genannt. Zu *êkimmu* vgl. GUYARD, *Journ. Asiat.* 1880, p. 514; AMIAUD, *Journ. Asiat.* 1881 p. 237; vor allem aber die S. 56 citierte 6. Columne der XII. Nimrod-Tafel und II R 51, Nro. 2, Rev. Z. 49 f., wo von dem *êšipû ša êkimmu* und dem *mušêlû êkimmu*, den Priestern, die die Toten heraufbeschwören, die Rede ist.

[*maḫri*] *šarûṭu*[1]) *lû arkus*[1]) *ana ili u amêlûtum ana mîtûtê u balṭûtê ṭâbta êpuš*, „während der Trauerklagen(?) dessen, der das Trankopfer ausgoss für die Manen der Könige, meiner Vorfahren, zog ich ein zerrissenes Kleid an; Göttern und Menschen, Toten und Lebendigen Wohlthat erwies ich.“ Hierauf wird in extenso ein Bussgebet mitgeteilt, das der König an den Gräbern seiner Vorfahren betet. — Eine authentische Abbildung der Trauerfeierlichkeiten scheint auf dem Relief vorzuliegen, das Clermont-Ganneau in der *Rev. Arch.* Dec. 1879 unter dem Titel *l'enfer assyrien* zuerst veröffentlicht hat (nähere Besprechung dieses Reliefs s. Schluss von Kap. III). Der Tote liegt auf einem Steine in eine Art Schweisstuch gehüllt. Ein nebenstehender Kandelaber deutet das Rauchopfer an, während zwei genienartige Gestalten durch Ausschütten von Kräutern oder dergl. die Weihe vollziehen (vgl. auch das S. 57 besprochene Relief Perrot, l. c. S. 590—592).

Als furchtbare Schmach galt es, von den letzten Ehren ausgeschlossen zu sein, als grösstes Unglück aber, unbegraben zu bleiben. Ruhelos irren die Seelen derer, denen das Grab versagt ward, umher. Asurbanipal (VI, 70 ff.) erzählt in den Berichten über die elamitischen Kämpfe: *ḳima ḫê šarrânišunu maḫrûtê arkûtê lâ pâliḫûtê* ilu *Ašûr u* ilu *Ištar bêlânija munarriṭû šarrâni âbê'a abbul aḳḳur ukallim* ilu *Šamši ner-pad-du-*MEŠ*-šu-nu*[3]) *alḳâ ana* mât *Aššûr*

---

1) Form *fa'ûl* wie *batûlu, abûbu* von שרט „zerreissen“. In dem Kleiderverzeichniss V R 15 finden sich Z. 8 f. ef die beiden Nebenformen: *šurruṭu* (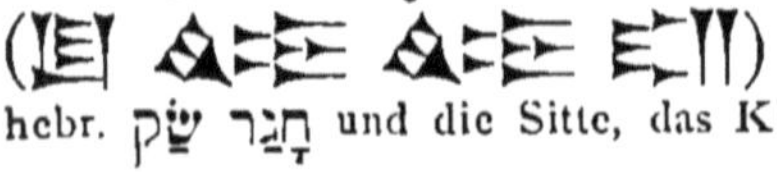) und *širṭu*. Zu *šarûṭu lû arkus* vergl. hebr. חָגַר שַׂק und die Sitte, das Kleid (vorn an der Brust) zu zerreissen, Ri. 11, 35. 1. Sam. 4, 12. 2. Sam. 1, 2. 3, 31 (vom König befohlen!) u. ö.; Asurb. Sm. 142, 16 erzählt von Teuman, nachdem er aus der Schlacht entflohen war: *naḫlaptašu išrut*, „er zerriss sein Gewand“.

2) Ebenso bei den Hebräern; vgl. Deut. 28, 16. Ps. 79, 2. Jes. 34, 3 u. ö. 1. Kö. 13, 24.

3) Vgl. das Parallelglied IV R 63, col. II, 41: *ner-pad-du-ša lâ karâṣi šêrêša lâ akâli* (vgl. Guyard, *Notes lexicogr.* im *Journ. Asiat.* Mai-Juni 1880).

êkimmêšunu lâ ṣalâlu ệmêd kispê nâḳ mê uzammêšunu, „die Gräber ihrer Könige, die Asur und Istar, meine Herren, nicht gefürchtet hatten, und die zittern gemacht hatten die Könige, meine Väter, zerstörte ich, verwüstete sie, liess sie das Sonnenlicht schauen; ihre Gebeine schleppte ich nach Assur, ihre Manen liess ich unbedeckt liegen, von den Trauerklagen(?) des Trankopferspenders (d. h. von den Totenehren[1])) schloss ich sie aus". Derselbe König erzählt an anderer Stelle, als der König von Lydien ihm den Vasalleneid gebrochen, habe er zu Asur und Istar gebetet: *pân nakrûtêšu pagaršu linadîma liššûni ner-pad-du-MEŠ-šu*, „sein Leichnam möge vor seine Feinde geworfen werden, fortschleppen mögen sie seine Gebeine".[2]) Als man den Leichnam des *Nabû-bêl-zikrê* vor ihn gebracht habe, der sich freiwillig den Tod gab, habe er ihm kein Grab gewährt (*šalamtašu ai addin ana ḳibîri*).[3]) Die Leichen der feindlichen Krieger aber verstreut er „wie Dornen und Disteln" im Weichbild der feindlichen Stadt. Dem König Sanherib (Sanh. Const. 8 f.) genügt es nicht, die Güter und Unterthanen des unglücklichen Merodachbaladan auf Schiffen wegzuführen, auch die Gebeine seiner Vorfahren gräbt er aus ihren Mausoleen aus (*ner-pad-du-MEŠ âbêšu maḫrûtê ultu ḳirib kimaḫ aḫpir*). Dieser barbarische Kriegsbrauch erinnert an jene Weissagung des Propheten Jeremias (8, 1 vgl. Baruch 2, 24), der im Geiste voraussieht, wie durch babylonische Könige die Gebeine der jüdischen Könige, Priester, Propheten und Bürger aus ihren Gräbern geworfen und zerstreut werden unter der Sonne.

Wie gross dem Babylonier die Schmach und das Unglück erschien, der Grabesruhe beraubt zu sein, zeigt der Schluss des Nimrod-Epos[4]), wo es heisst:

---

1) S. Anm. 4 zu S. 53.

2) Vgl. auch Asurb. III, 64 ff. Der geweihten Erde der Heimat entrissen zu sein, galt noch als besonderer Fluch; vgl. 1. Kö. 13, 22. 2. Macc. 5, 10.

3) Asurb. VII, 45, vgl. auch die oben S. 47 citierte Stelle V R 61, col. VI.

4) Ueber die Kollation und den Rest der Tafel vgl. Kap. V.

ina mai-[ ][1]) ṣalilma
mê [namrû]ti išattî
ša ina taḫâzi dêku tâmur âta[mar]
âbûšu u ummušu rêssu [našû]
u aššatsu ina muḫḫi[šu . . . . .]
ša šalamtašu ina ṣêri nadâ[t]
tâmur âtamar
êkimmašu ina irṣitim ul ṣalil
ša êkimmašu pa-[ḳi-]da[2]) lâ išû
tâmur âtamar
šú-ku-la ad di ḳa[ ][3]) ku-si-pat
ša ina sûḳi [na]-da-a ikkal.

„Auf einem Ruhepolster (?) ist gelagert,
reines Wasser trinkend,
„wer in der Schlacht getötet ward — du siehst es,
ich habe es gesehen —;
sein Vater und seine Mutter halten sein Haupt
und sein Weib [steht (?)] an seiner Seite.
Wessen Leichnam aber auf dem Felde liegt —
du siehst es, ich habe es gesehen —,
wessen Seele in der Erde nicht ruht,
dessen Seele hat keinen, der acht auf sie hat,
. . . .
was auf die Strasse geworfen ist, frisst er.“

Zu der grausamen Sitte, dem Leichnam des Feindes und damit seiner Seele die Ruhe des Grabes zu versagen

---

1) Nach den Spuren kann das fehlende Zeichen  nicht sein.

2) So nach Prof. Delitzsch's und Dr. Craig's Kollation. Nach Haupt's Kollation (vgl. Halévy, *l'immortalité* S. 369) ist  zu *šab* zu ergänzen. Das Ganze wäre dann *šabta* „Ruhe“ zu lesen. Entscheidend aber ist das von Dr. Craig für mich gütigst kopierte Fragment K. 3475, das in der Parallel-Stelle *pa-ḳi-di* bietet.

3) Das Original zeigt Spuren von *bak* bez. *ri*. Ist *ḳa-ab-ri* zu ergänzen? *šûkula* muss nach dem Zusammenhang von *akâlu* „essen“ abgeleitet werden.

oder zu rauben, kommen Leichenschändungen der greulichsten Art. Von *Nabû-bêl-zikrê* sagt Asurbanipal, nachdem er ihm das Begräbnis verweigert hat: *êlî ša maḫri mîtussu utêrma ḳakḳadsu akkis*, „mehr als früher machte ich sein Totsein, hieb ihm den Kopf ab“.[1]) Von *Šamaš-šum-ukîn*, der sich freiwillig den Tod gab, um nicht in die Hände des feindlichen Bruders zu fallen[2]), heisst es: *šêrêšunu nukkusûtê ušâkil kalbê šaḫê zêbê êrâni iṣṣûrê šamê nûnê apsê*, „ihre abgehauenen Gliedmassen liess ich fressen die Hunde, Schakale, Wolfsvögel (Geier), Adler, die Vögel des Himmels, die Fische des Meeres“. Ein uraltes, in Telloh aufgefundenes, leider nur stückweise erhaltenes Monument[3]) illustriert diese schaurige Sitte.[4]) Auf der einen Seite stellt es den Triumphzug des siegreichen babylonischen Königs dar, während auf dem rückseitigen Relief Geier und Raben die Gliedmassen feindlicher Krieger in die Lüfte tragen. Ein drittes Relief desselben Monuments zeigt die Bestattung von Gefallenen, denen Kameraden die letzte Ehre erweisen.

Uebrigens findet sich ausser dem letztgenannten Relief nirgends die Darstellung von einer Trauerfeierlichkeit für gefallene Krieger. Im Gegenteil, man hat schon oft auf den merkwürdigen Umstand aufmerksam gemacht, dass die Kriegsreliefs der babylonisch-assyrischen Könige nie-

---

1) Asurb. VII, 46 f., vgl. auch II, 4; Asurn. I, 91. Auch bei den Hebräern waren Leichenschändungen nicht unerhört, vgl. 2. Sam. 4, 12 u. ö.

2) Er gab sich den Feuertod Asurb. VI, 76 ff., vgl. 1. Sam. 31, 12 (vgl. 9. 10). Zur Leichenverbrennung bei den Hebräern s. BÖTTCHER, *de inferis* S. 38. Abgesehen von den Notfällen galt bei den Hebräern (Lev. 20, 14. 21, 9) wie bei den Babyloniern (s. z. B. Sarg. Cyl. 22) die *combustio* als Strafe und Schande; vgl. hierzu auch HAUPT, *Zeitschr. f. Keilschriftf.* II, S. 282, Anm. 2.

3) Vgl. HEUZEY, *les fouilles de la Chaldée* (*Rev. Arch.* Juni 1881), PERROT, l. c. S. 590 ff., HOMMEL, Beilage zur *Geschichte Babyl.-Assyr.* II; ib. S. 241.

4) Vgl. auch LAYARD, 1. Serie 14. 21. 26. 27. 64 etc.

mals gefallene Krieger des eigenen Heeres aufweisen, die Hinschlachtung der Feinde aber um so grausiger zur Darstellung bringen. Das Renommistische an dieser Thatsache lässt sich nicht verkennen; vielleicht aber vermied man auch aus Scheu vor den Manen derer, die ehrenvoll auf dem „Orte der Männerschlacht" gefallen sind (vgl. S. 50 Anm. 3), die Leichendarstellung der eigenen Krieger.

KAPITEL III.

Die Unterwelt.

1. Der Weltberg.

Ueber den „Weltberg“[1]) in der babylonisch-assyrischen Volksvorstellung hat zuletzt DELITZSCH, *Paradies* S. 117 ff. und wesentlich im Anschluss an ihn SCHRADER, KAT[2] S. 389 f. gehandelt.

Sofern dieser Berg als der Göttersitz gilt, heisst er *Ê-ḫarsag-(gal-)kurkura*, d i. „Berghaus der Länder“ (I R 35, Nro. 3 mit dem Epitheton *šad mâtâtê*), *Ê-kur(a)*, „Berghaus“ und *Ê-šara*[2]), „Haus der Versammlung“[3]), vgl. hebr. הַר־מוֹעֵד „Berg der Versammlung“ scil. der Götter. Khors. 155 ff. heisst es: *ilâni ša ina ḳirib Ê-ḫarsag-(gal-)kurkura šadê*[4]) *Arâlî kêniš ʾaldû* „die Götter, die im Berghaus der Länder, im Gebirge *Arâlû* in Ewigkeit geboren sind“. Demnach führt der „Länderberg“ auch den speciellen Namen *Arâlû* (= *Êkur*, IV R 1, 12/13 a), der II R 51, 11 das für den „Göttersitz“ sehr passende Epitheton *šad ḫurâṣi* „Berg des Goldes“ erhält (vgl. DELITZSCH, l. c. S. 102).

Aus der Schilderung der Sintflut, wie sie im Nimrod-

1) Ueber Namen und Schreibung vgl. S. 23.

2) Zu der Gleichung *Êkura* = *Êšara* vgl. LOTZ, *Tiglath-Pileser* S. 3; Sams. 1, 16; IV R 1, 33/38 c vgl. Asurn. 1, 17. IV R 27, Nro. 2, 26 erscheinen die beiden Ausdrücke allerdings nebeneinander.

3) Vgl. S. 64, Nro. 9; LOTZ, l. c.: „Haus des Segens“ (?) gemäss S[c] 76.

4) Von einem Lande Arâlû wissen die Inschriften nichts (gegen SCHRADER l. c.). IV R 24, 7/8 b beweist hiefür nichts; denn diese Stelle identificiert *Arâlû* nur mit dem „Lande“ der Toten und versteht darunter die unterirdische Wohnung des Länderbergs (S. 61 f. Nr. 1).

Epos vorliegt, wissen wir, dass die Babylonier-Assyrer den Wohnsitz der Götter in verschiedene, abgegrenzte „Himmel“ geteilt und den höchstgelegenen der obersten Gottheit, an jener Stelle dem Anu, zugehörig sich dachten. Als die Wasser immer höher stiegen und die höchsten Berge überschwemmten, „da fürchteten sich selbst die Götter vor der Sintflut, sie flüchteten und stiegen hinauf zum Himmel des Gottes Anu“.[1])

Der schwierige Text IV R 27, Nro. 2 enthält nichts von einer näheren Beschreibung des Götterberges (wie Delitzsch l. c. u. A. vermuten), sondern ist ein Hymnus auf Bel, der Z. 15 ff. *šadû rabû*, „grosser Berg“ genannt wird, und auf seine Gemahlin Belit (vgl. S. 64, Nro. 8).

Den Namen *Arâlû* führt der „Länderberg“ nicht allein als Göttersitz, sondern auch als Berg des Totenreichs, das die babylonisch-assyrische Volksvorstellung als ungeheuren Palast denkt und in das Innere dieses Berges versetzt. Deshalb heisst das Totenreich *bît Arâlî*, Haus des *Arâlû*, oder wird metonymisch (*pars pro toto*) mit dem Namen des *Arâlû* selbst belehnt (Näheres darüber s. S. 61).

Was die Lage dieses geheimnisvollen Berges anlangt, auf dem die Gottheit wohnt und in dem die Verstorbenen hausen, so erwartet man von vornherein eine Himmelsgegend, die durch ihre natürliche Beschaffenheit dem Geheimnisvollen des Ortes entspricht. Das psychologisch einfachste wäre demgemäss der Norden als das ewig beschattete, dunkle Land. An dieser Himmelsgegend halten in der That die Hebräer bei Bestimmung der Lage des Götterberges fest (vgl. d. Anh.). Auch bei den Babyloniern könnte der Norden an sich als Gegend des *Arâlû* gegolten haben, aber die uns bisher erschlossenen Keilschriftdenkmäler wissen nichts davon. Der hierauf bezügliche Beweis

1) Sintfl. 107 ff.: *ilâni iptalḫû abûbáma ittêḫsû* (var. *ittaḫsû*) *itêlû ana šamê ša ilu Anîm ilâni kima kalbu kunnunu* (bedeutet nach dem Ideogramm K. 40 Obv. col. II, 3 f. „furchtsam“ oder dgl.; vielleicht steckt darin das Stammwort von *ḳinnu* „Nest“) *ina kamâtê rabṣû.*

bei Delitzsch l. c. beruht nur auf alttestamentlichen Parallelen und scheint mir nicht zwingend. Für das babylonisch-assyrische Volk kommt aber noch eine andere Himmelsgegend als Land der Geheimnisse in Betracht, nämlich der Süden. Das Volk, das mit Schiffahrt nichts zu tun hatte, konnte hinter den unermesslichen Gewässern des persischen Meeres, das sich in dunkler Ferne mit dem Horizonte mischte und mit seinen Sturmfluten die furchtbarsten Verheerungen über das Land brachte, gar wol das Land der unzugänglichen Götterwohnung und den Ort des Todesschreckens sich vorstellen. Und in der That liegt nach dem Nimrod-Epos das Land der Seligen, das man doch wol in der Nähe des Göttersitzes zu denken hat, im fernen Süden (vgl. Kap. IV). Freilich muss man auch hier, wie bei allen religiösen Volksvorstellungen, auf Konsequenz der Anschauung verzichten. Der innere Gang des Nimrod-Epos, nach welchem der in Betracht kommenden Tafel der Gedanke zu Grunde liegt, dass der Sonnengott, der im Frühjahr seinen Lauf in Jugendkraft begann, vom Sonnenstillstand an schwächer und schwächer ward, zuletzt jenseits in den verjüngenden Wassern des Oceans frische Lebenskraft gewann, liesse vielmehr den Westen als Gegend der Gewässer des Lebens und der Gefilde der Seligen, also wohl auch des *Arâlû*, erwarten. Uebrigens kommt in Betracht, dass in Babylonien-Assyrien die Annahme einer bestimmten Himmelsgegend für jenen Ort dadurch ziemlich irrelevant ward, dass man die „Gewässer des Todes" (vgl. Kap. IV), die den *Arâlû* bespülten, gleich einem Gürtel die ganze Erde umspannend sich dachte.

Ueber das Nationalheiligtum in Kelach als Abbild des Göttersitzes s. Delitzsch l. c.

2. Namen der Unterwelt.

1) *Arâlû* (IV R 1, 12/13 a. 24, 7/8 b u. ö.), bez. *bît Arâlî* (II R 61, 18).[1]) Etymologie dunkel. Als Totenreich

1) Vgl. S. 60.

wird *Arâlû* erklärt durch  = *u-ru-gal*, d. h. „grosse Stadt" (II R 30, 13 ef) und durch *Êkur-bad*, „Berghaus der Toten" (ib. Z. 12 ef.; im Gegensatz zu *Êkur*, dem „Berghaus der Götter", vgl. S. 59). Als Glosse zu *Êkur-bad* = *mîtum* (vgl. Nro. 10) findet sich umgekehrt *A-ra-li* II R 49, 24 ab. V R 16, 42 ef. *Êkur-bad* wird ferner V R 30, 36 ff. gh. add. (ASKT 215, 35 ff.) erklärt durch *irṣitu* (vgl. Nro. 7), *bît mûti*, *naḳbaru* (vgl. Nro. 4).

2) *Êkur*, abgekürzt aus *Êkur-bad* (vgl. Nr. 1): IV R 22, 1/2 a. 51/52 a. 24, Nro. 2. 27, Nro. 2, 26 u. ö.

3) *šuʾâlu*, zuerst von Delitzsch, *Paradies* S. 121 als assyrische Bezeichnung der Unterwelt nachgewiesen.[1]) Sie findet sich II R 26, 39 f. (K. 40, col. III, 57. AL), *nu-kar ki* „feindliches Land"[2]) = *šu-âlu ki*; II R 34, no. 6 add. (Strassmaier, *Alph. Verz.* 2667) *ga-ba-ra ki* = *šu-âlu ki* (vorhergeht  () = *ḳabru*,  () = *ḳabru*); II R 39, 41 b (K. 40, col. II, Obv. 33. AL) *ka-ni-iš ki* (das versammelnde Land, bez. Stadt) = *šu-âlu ki*. Etymologisch ist das Wort abzuleiten von שׁאל „fordern, zur Entscheidung fordern"; jeder Zweifel an der Richtigkeit dieser Ableitung schwindet durch das Synonym *Ma-la-ak ki*, „Entscheidungsort" (*Transactions of the Soc. of Bibl. Arch.* VIII, p. 270), auf das mich eine Mitteilung Prof. Hommel's aufmerksam macht.[3]) Die Schreibung *šu-âlu* bezeichnet die Unterwelt als „mächtige Stadt" (Det. *ki*).

4) *ḳabru* (S^b 192. ASKT 82/83, 3. IV R 26, 3 a vgl. ASKT 183 u. ö.), *ḳibîru* (V R 16, 43 ef), *naḳbaru* (ASKT 215, 37 = *Êkur-bad*) eigentl. „Grab"; metonymische Bezeichnungen für die Unterwelt. S^b 192. II R 34, no. 6 add. (Strassmaier, *Alphab. Verz.* 2667 s. u. Nro. 3) *ḳabru* = *u-ru-gal* (vgl. Nro. 1); ebenso II R 36, 1 ab (nach Strassmaier's

---

1) Vgl. jetzt auch Delitzsch, *Prolegomena* S. 145 Anm. 2.

2) Vgl. Nro. 10.

3) S. jetzt auch Hommel, *Geschichte Babyloniens-Assyriens* S. 267, Anm.

Collation); vgl. auch den Namen Nergal's als *ilu ša ḳabri* (III R 67, 69 ef), wobei das Ideogr. die ungenauen, bez. variierenden Schreibungen ,  () aufweist. *ḳibîru* als Name der Unterwelt (?) erhält V R 16, 43 ef das erklärende Ideogramm   („Ort, dahin man wandert" ??).

5)  *(ḫiṣ?)-ṣu.* Lesung und Bedeutung ist mir unbekannt. S^b 191 entspricht dem Wort ein zusammengesetztes Ideogramm, als dessen Aussprache auf der linken Columne *unu-gi* angegeben ist. *unu* bedeutet nach S^b 190 *šubtum* „Wohnung", *gi* (besonders in der Schreibung , z. B. S^b 150. V R 13, 11 ab vgl. 16 a b. ASKT 109, 27) „Finsternis, Schatten, Nacht". Der Bedeutung „finstere Wohnung" entspricht auch das Ideogramm  +  (vgl. V R 16, 28 ab:   [var. Rass. [1])]  = *êklitum*[2])); V R 23, 9 a —d erklärt *ḫiṣ (?)-ṣu* [ ] durch *unu-gi* und   (vgl. Nro. 1).

6) *Kûtu* (Höll. Ist. Obv. 40 par. *êkal irṣit lâ târat* [vgl. Nro. 11], IV R 26, 1 par. mit *Arâlû*). Dieser Name ist von der östlich von Babylon gelegenen Stadt Kutu auf die Unterwelt übertragen, weil Nergal, der Beherrscher der Unterwelt (s. unten), hier als Lokalgott verehrt ward.

7) *irṣitum* „Land" kat. exoch. (Höll. Ist. Obv. 44 vgl. IV R 30, col. III, 10/11 *irṣitim mîtûtê*, V R 30, 36 erklärt

---

1) Ueber  =  vgl. ausser dieser Variante die Stellen bei ZIMMERN, *Bab. Busspss.* S. 37 f.

2)  ist auch Id. für den St. ירק „blassgrün sein", vgl. K. 40, col. III, 68 (AL 3)  = *arḳu*; II R 26, 50; K. 4373, II, 15 (nach Prof. DELITZSCH's Mitteilung) 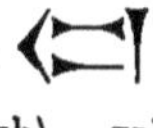   = *zumbi kišši arḳu* (= *sasûru* V R 27, 16 gh), „grüne Waldfliege".

als *Êkur-bad* (nach HAUPT's Ergänzung), vgl. Nro. 1. — IV R 30, 20: *irṣitim rûḳti*, „das ferne Land".

8) *gêgunû*¹), IV R 27, 25/26 a = 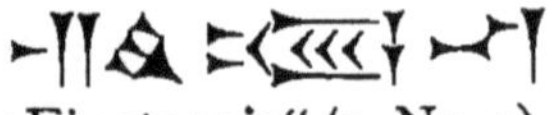 (*gê-un-na*) = *šubtum êkliti* „Wohnung der Finsternis" (s. Nr. 5), vgl. IV R 24, 5 b. Sanh. Bell. (Lay. 64) 47 für „Gräberstadt" gebraucht (vgl. S. 51 f.). IV R 27, 25/26 a: *ummu rabîtum ilu Bêlit balti Ê-šara kuzbu Ê-kur sîmat bît gêgunê [ina] libbi bît* , „Belit, die grosse Mutter, die Lebendige in *Êšara*, die strotzende Pracht von *Êkur*, der Schmuck des Hauses der finsteren Wohnung, des Hauses im Lande der Herrschaft(?)".

9) , *Me-šar-ra* (IV R 1, Col. II, 23/24; III R 69, 30 f. c). An der zuerst citierten Stelle geht voraus: *ilu bêl ûm balâṭi, ilu bêlit ûm balâṭi* („Herr, Herrin des Lebenstages") und es folgt *ilu bêl šubti êlliti* (vgl. IV R 23, Nr. 1, 9/10: „Herr der glänzenden (Wasser)wohnung". Dieselbe Reihenfolge V R 52, 8 a (sicher zu korrigieren, bez. zu ergänzen nach IV R 1). —  bedeutet in der Lesung *šar(ra)* nach S^b 68: *kiššatu* „Gesamtheit".  bezeichnet nach S^c 4 (V R 23, Nro. 2) allerlei Leute, die eine hohe Stellung einnehmen (V R 13, 36 a fügt zu  ergänzend hinzu  („gross, hoch") und  („Stellung"); vgl. auch ib. 33 a b:  = *bêl kummu* „der stellvertretende Herr"²)). Das Ideogr.  könnte also sehr wohl „Herr über die Gesamtheit" bedeuten und als personificierender Name für die Unterwelt gelten. Wie stimmt aber dazu R^M 97 Obv. (Mitteilung des Herrn Prof. DELITZSCH) 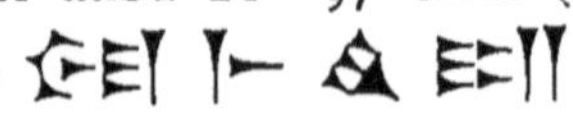 = *bêltum ša kullat parṣi*?

10) Minder wichtige Bezeichnungen der Unterwelt sind

---

1) Vgl. hiezu DELITZSCH, *Paradies* S. 121.

2) Zu *kummu* vgl. Asurb. VIII, 46 (dort Praep. „anstatt"). Oder ist an den St. קום zu denken?

bît mûti, V R 30, 37 g h[1]) („Haus des Todes"), *mîtum* („Totenreich")[2]), II R 49, 24 a b (Glosse *A-ra-li*). Das entsprechende Ideogr. ist an beiden Stellen *Êkur-bad* (s. Nro. 1). Ferner: *mât nukurti*, *mât nabalkatti*, „Land der Feindschaft" (). V R 20, 47 f. e f (vgl. auch II R 26, 42 f. e f. 38, 17. 18 u. ö.), wo übrigens die linke Spalte im Original nach STRASSMAIER deutlich erkennbar ist, sind die Ausdrücke zunächst wol im eigentlichen Sinne gebraucht; aber IV R 26, Nro. 1 ist Nergal *sâpin mât nukurti* nicht allein als Kriegsherr genannt, sondern wie das folgende *šar Arâlî* zeigt, wol auch als der Gott, dem das feindlichste Land, das Totenreich, unterwürfig ist. Unzweifelhaft wird die Bezeichnung der Unterwelt als „feindliches Land" durch II R 26, 3 a b: *unu ki-gal* = *irṣitum nabalkattum*.

11) Epitheta ornantia: *KUR-NU-GI-(A)* = *irṣit lâ târat*, „Land ohne Heimkehr"[3]) (II R 32, 19 g h [sic!] vgl. 48, 7 e f), vgl. HAUPT, *Sum. Fam. Ges.* S. 56; DELITZSCH bei SMITH, *Chald. Gen.* S. 113. In der Höll. Ist. erscheint diese Bezeichnung der Unterwelt sieben Mal. *ašar lâ amâri ašar lâ naplusi*[4]), „der Ort, da man nichts sieht" (IV R 24, Nro. 2), *bît êṭê* „Haus der Finsternis" (vgl. Anm. zu Höll. Ist. Obv. 4, S. 24), *bît êkliti* (ib. var., vgl. IV R 12, Z. 33: *bît êkliti, ašar lâ amâri*). — II R 48, 9 f. e f:   () = *nêrib*  [] (*rubû*?), „der erhabene Eingang (?)".

Anm. Unerklärt bleiben: II R 26, 2 a b vgl. V R 22, 23 f. a—d. V R 23, 5. 7—9 a—d. — Ob II R 44, 74 f.

1) Nach HAUPT's Collation ASKT 215, 36.

2) Wie *kibîru*, *nakbaru* zunächst Bezeichnung des Grabes, dann gemäss dem Ideogramm metonymisch für „Unterwelt" gebraucht.

3) FERD. DELAUNAY vergleicht hierzu Catull: *unde negant redire quemquam*.

4) Bedeutet auch „Ort ohne Erbarmen"; zu *palâsu* „erbarmend anblicken" vgl. ZIMMERN, l. c. S. 18.

[cuneiform] „grosser Ort“ (vgl. *kigallum* I R 52, Nro. 6, 4. 67, 32a u. ö.) und [cuneiform] „Ort der Versperrung (?)“ = *bêrûtum* hierher gehören, wage ich nicht zu entscheiden.

3. Götter und Dämonen.

A. Götter der Unterwelt. 1) Allatu[1]) und Nergal. II R 59, 33 ff. def beschäftigt sich mit diesen beiden Hauptgottheiten der Unterwelt. — Z. 33 nennt Allatu: *NIN-KI-GAL*, d. i. *bêlit irṣitim rabîtim*, „Herrin des grossen Landes“. Dies ist ihr häufigster Beiname. Vgl. IV R 26, Nro. 1, Z. 3, wo Nergal, ihr Gemahl, „Herr der grossen Stadt“ ([cuneiform] sic! im Original) heisst. — Z. 34 redet (gemäss der 3. Col. der folgenden Zeile, die mit [cuneiform] seine Gemahlin Allatu von neuem einführt), von Nergal und nennt ihn *šar* (bez. *bêl*)-*A-ZU* = *šar bârê* „König der Seher“[2]). — Z. 35—40 gehen die Epitheta für beide Gottheiten ohne sonderlichen Unterschied bunt durcheinander[3]). — Z. 35: *bêlit* [cuneiform] (= *êmûku*, S^b 2, 14 ö.), „Herrin der Kraft“[4]). — Z. 36: *šar* (bez. *bêlit*) [cuneiform] = [cuneiform]. [cuneiform][5]) ist hier offenbar identisch mit [cuneiform] = *êṣu* „Holz“, im Sinne von „Scepter“ gebraucht. [cuneiform] = *kênu*, „beständig, wahr, gerecht“,

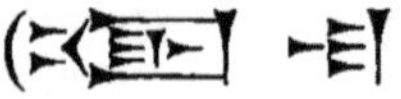

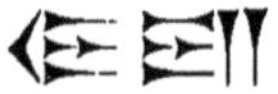

---

1) Prof. HOMMEL vermutet nach einer mündlichen Mitteilung, dass der Name *Allatu* aus *Arlatu* = *Arâlatu* entstanden, also mit dem Berg der Unterwelt in Zusammenhang steht!

2) Vgl. auch II R 18, 40 ab (ASKT 98 f., Z. 40), wo *Nin-A-Zu* als Gemahl der Allatu erscheint (*Nin* bedeutet „Herr“ und „Herrin“), aber nicht Beiname des Gottes Ea sein kann, wie HOMMEL, *Semiten*, S. 373 will; vgl. Zusatz II, S. 74.

3) Die Gleichungszeichen [cuneiform] ([cuneiform]) beziehen sich nicht auf die darüberstehende, sondern (vgl. Stellen wie III R 67, 57 ff. 64 ff.) auf die links stehende Colonne.

4) Nergal führt V R 46, 20 ff. den Beinamen *šar êmûki*.

5) Prof. HOMMEL vermutet Schreibfehler für [cuneiform].

vgl z. B AL[3] 134, Nro. 3, 7 f. und den Tempelnamen *Ê-zida*, ist hier gebraucht wie in   = *ḳân milḫri* V R 32, 40 d e[1]). Das Epitheton bedeutet demgemäss: „Herrin (bez. König) des gerechten Scepters" (LENORMANT, *Magie* S. 64: „Herrin des Zauberstabes"?). Die gleiche Bezeichnung führt Allatu z. B. IV R 1, Col. II, 44/45. 23, Nro. 1, 21. In dieser Eigenschaft ist ihr der Monat Ab geweiht (IV R 33, 40 a). — Z. 37. *šar*  (= *âlu rabû*) = *šar Arâlî* (vgl. S. 61 f., Nro. 1) und *NE-uru-gal* (vgl. S. 62 f., Nro. 4), „Machthaber der grossen Stadt", d. i. der Gräberstadt (vgl. III R 67, 69 e f); die beiden häufigsten Epitheta Nergals in seiner Eigenschaft als Gott der Unterwelt, vgl. IV R 24, 4/5 a u. ö. — Z. 38. *šar apsî* „König der Wassertiefe", Name der Höllengottheit, sofern ihr Reich in die tiefsten Gründe des Oceans hinab reicht. — Z. 39. *šar*  „König des Flusses", d. h. des Totenflusses, der die Mauern der Unterwelt umströmt (vgl. S. 75). — Z. 40. *šar*  „König des Wasserhauses", d. i. des Palastes der Unterwelt in den Tiefen des Oceans.

Dem Nergal werden in einem Hymnus (IV R 26, Nro. 1)[2]) noch folgende Epitheta beigelegt:

ḳarradu abûbu êzzu sâpin mât nukurti[3])
ḳarradu bêl Arâlî
ilu Šid-lam-ta ê-a (?)[4])
rêmu rabû bêl gašru
bêl Kûti[5]),

---

1) Vgl. die Massbezeichnung  I R 46, 23 a.  phonetisches Komplement?

2) Vgl. HOMMEL, *Semiten*, S. 237; DELITZSCH, *Paradies* S. 217; HAUPT, ASKT 183.

3) Vgl. S. 65, Nro. 10.

4) Derselbe Beiname findet sich S^c 1 b, Z. 9.

5) Vgl. S. 63, Nro. 6.

„O Held, gewaltige Sturmflut, der du beherrschest
das feindliche Land,
Held, Herr der Unterwelt,
der aus *Šid-lam* hervorging,
gewaltiger Stier, Herr der Kraft,
König von Kuta.“

V R 46, 42 a b nennt unter den Gottheiten, denen die Planeten geweiht sind, eine mit dem Epitheton: *muštabarrû mûtânu*, „der mit Toten Gesättigte“ (Nergal?). Allatu führt nach Höll. Ist. Obv. 4 auch den Namen Irkalla.

Dass gerade Nergal im bab.-assyr. Pantheon die Rolle eines Gottes der Unterwelt vertritt, hängt damit zusammen, dass dieser Gott im letzten Grunde identisch ist mit Adar, dem Gotte der verheerenden Sonnenglut. Deshalb galt er nicht nur gleich Adar als Gott des Krieges und der Jagd[1], sondern auch als die Gottheit der zerstörendsten Naturkraft, als Todesgott und Herr der Unterwelt. In dieser Eigenschaft ist ihm der schwungvolle Hymnus IV R 24, Nro. 1 geweiht.

Die oben besprochenen Epitheta des Nergal und der Allatu zeigen, dass Beide nur insofern als Götter der Unterwelt gelten, als sie die Herrschaft im Totenreiche selbst ausüben. Handelt es sich darum, die verderblichen Mächte zu personificieren, die als Ausgeburt der Hölle geltend ihre unheilvollen Wirkungen auf der Oberwelt ausüben, so ist es der Inkonsequenz babylonisch-assyrischer Mythologie ein leichtes, andere Götter, denen zerstörende Macht zugeschrieben ward, zu Herren der Unterwelt zu machen und mit dem ursprünglichen Herrscherpaar derselben, Nergal und Allatu, zu identificieren. Vor Allen ward deshalb

2) Martu mit den Mächten des Totenreichs in Verbindung gebracht. Wie er identisch ist mit dem Luftgott

---

1) IV R 51 erscheint Adar neben seiner Eigenschaft als Gott des Krieges auch als *LUH-Êkura*, als „Bote des Ekur“ (24·25 a. 26/27 a).

Ramman, sofern dieser seine verheerende Kraft geltend macht, daher besonders als der Gott der Sturmflut (vgl. III R 67, 51 c d: *Martu* = *Rammânu ša abûbi*: ASKT 183, 16: *Martu* = *abûbu*) gilt, so ist er identisch mit Nergal, sofern dieser die verheerenden Mächte der Hölle auf die Oberwelt sendet. Darum gilt er und seine Gemahlin nicht allein als *bêl (bêlit)*[1]) *ḫar-sag* (II R 59, 42 neben Allatu und Nergal; IV R 21, 55 b), d. i. „Herr (Herrin) des Berges" kat. exoch., des *Arâlû*[2]), sondern auch als *šar (šarrat) Lubâri*, „König der Pest" und *šar êmûḳi*, „König (Königin) der grossen (verderblichen) Macht"[3]).

3) Išum[4]), stets ideographisch geschrieben: 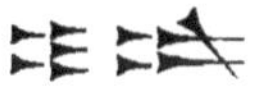 oder  (vgl. ASKT 98 f. Z. 47). Beides bedeutet „der erhabene Mörder" (*ṭâbiḫu nâdu*, *mâḫiṣu nâdu*, *mâḫiṣu ašarêdu*). Der Hymnus an Nergal IV R 26, Nro. 1 bringt ihn direkt mit diesem als dem Gott der Unterwelt zusammen. Als Höllengott wird er *râbiṣu*[5]) *ṣîru ša ilâni rabûti* genannt: „der erhabene Dämon unter den grossen Göttern" (ASKT 98 f. Z. 47 f. vgl. 90 f. Z. 61). An derselben Stelle heisst er auch der erhabene Führer (*nâgir*). Dass jedoch diese Führerschaft nicht mit der Unterwelt,

1) Vgl. Zimmern, *Bab. Busspś.* S. 48.

2) II R 51, 1 ff. a—d erscheint neben dem *ḫar-sag*, dem Berge kat. exoch. der *šad ilu Rammânu* (2 b; vielleicht mit Zimmern, l. c. S. 48 auch Z. 1 d so zu ergänzen). Es scheint, als habe die religiöse Volksvorstellung, abgesehen von dem *Arâlû*, dem allgemeinen Göttersitz, jedem einzelnen Gotte einen Berg als speciellen Wohnsitz beigegeben. In dem angeführten Verzeichnis erscheint auch der „Berg des Gottes Bel" (Z. 1 b). Von Samas heisst es V R 50, 1 f. a: *ultu šadî rabî ina aṣîka*, „wenn du heraustrittst aus dem grossen Berge". Dieser Berg heisst in den folg. Zeilen auch: *šad naḳbi*, „Berg des Quellorts", *ašar šîmâtum*, „Ort der Geschicke".

3) Zur Gleichung 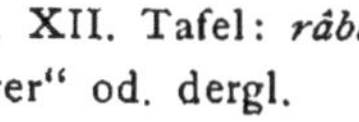 = 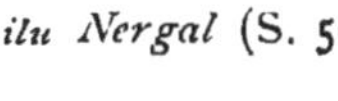 II R 59, 46 de s. Jensen, *Zeitschr. f. Assyr.* 1886, I, S. 56 f.

4) Ob *Išum* mit *išâtu* zusammenhängt (Hommel, *Semiten* S. 39, 3), ist höchst fraglich.

5) Vgl. Nimr. Ep. XII. Tafel: *râbiṣ ilu Nergal* (S. 50); wörtlich bedeutet *râbiṣu* „der Laurer" od. dergl.

bez. der Reise dahin, in Verbindung steht, zeigt IV R 2, 23 b: *nâgir sûḳi šaḳûm mîlu.*

Sowohl *Išum* als *Martu* werden in den Beschwörungen auch zur Abwendung dämonischer Einflüsse angerufen (IV R 15, 47 b 21, 55 b ö. ASKT No. 15 und 18 Schluss). Das ändert jedoch nichts an ihrem zerstörenden Charakter, hat vielmehr darin seinen Grund, dass der Betende auch die Gunst der bösen Mächte für sich gewinnen will, um so vor Unheil gesichert zu sein.

Eine Beschwörungsformel (IV R 1, col. II, Z. 44 ff.)[1]) bezieht sich mit folgenden Worten auf die Götter der Unterwelt:

nîš[2]) *ilu Allatu*[3]) *guzalû irṣitim lû tamâta*
nîš daltê (?) *irṣitim sibišina*
nîš mêdilê irṣitim sibišunu
nîš ilu NE-GAB mušêlû rabû[4]) *irṣitim lû tamâtam,*
nîš ilu 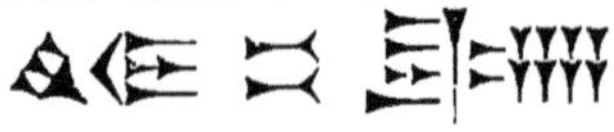[5]) *alti Namtâri lû tamâtam*
nîš ilu  *mârti apsî lu tamâtam,*

„bei dem Namen der Allatu, der Thronträgerin der Erde, beschwöre,
bei dem Namen der sieben grossen Weltthüren,
bei dem Namen der sieben Weltriegel,

1) Zuletzt übersetzt von OPPERT, *fragments mytholog.* p. 13 ff.

2) Gemäss dem Vorgang Höll. Ist. Rev. 16 f. (s. die Anm. zu Rev. 17 S. 37) möchte ich *nîš* (st. c. von *niššu*) weder als Vocativ (so früher), noch als Object (HOMMEL u. A.), sondern als Accus. der Beziehung („bei dem Namen“, bez. „auf, durch den Namen“; der Name der grossen Götter ist das wirksamste Beschwörungs**mittel**) fassen. Der Sinn jener beiden ersteren Fassungen befriedigt nicht, die letztere aber entspricht der l. c. angedeuteten Anschauung der Babylonier-Assyrer. Zu *niššu* (?) = *šumu* s. V R 1, 21, wo statt *šum ilâni* eine Var. *ni-iš ilâni* bietet (s. Asurb. Sm.).

3) Zum Ideogr. vgl. S. 66.

4) Der Name hängt jedenfalls mit dem Ideogr. des Attributs *ni-gab* (bez. *gab*; denn gemäss Prof. DELITZSCH's Collation scheint *NE-GAB-NI GAB* zu trennen zu sein) = *pitû, mušêlû* (vgl. zu Höll. Ist. Obv. 13, S. 25) zusammen.

5) Das Ideogr. ist mir sonst nirgends bekannt. HALÉVY, *documents religieux* S. 4, Anm. 1: „*déesse éponyme de la ville de Ninive*“ (?).

bei dem Namen des *NE-GAB*, des grossen Thorwächters der Erde, beschwöre,
bei dem Namen der Göttin . . . ., der Gemahlin des Namtar, beschwöre,
bei dem Namen der *Ĝe-dim-azag*, der Tochter der Meerestiefe, beschwöre!"

B. Dämonen der Unterwelt. Die Krankheiten und Seuchen werden als Wirkungen böser Dämonen gedacht [1]) und diese gelten wegen ihrer lebenzerstörenden Thätigkeit als Ausgeburten, als Kinder der Unterwelt [2]). Die verheerendsten Krankheiten, Namtar und Ašakku, d. i. Pest und Schwindsucht (?), sind personificiert gedacht als Söhne der Höllengöttin (IV R 1, Col. I). Nach der Erzählung von der „Höllenfahrt der Istar" ist Namtar der Allatu vertrautester Diener. Er hat die Aufgabe, die zu schwerer Strafe Verdammten in das grosse Gefängnis abzuführen (vgl. S. 75 f.), dessen Gefangene mit allen nur denkbaren Krankheiten behaftet sind. Seine Thätigkeit auf der Oberwelt richtet sich direkt gegen das Leben der Menschen (IV R 29, Nro. 2, 3 f.), um neue Unterthanen für das Reich seiner Herrin zu gewinnen. — Beschwörungen wie V R 50 f. zählen diese Dämonen auf, die besonders in der Nacht ihr Wesen treiben und erst wenn der Sonnengott aus dem grossen Berge siegreich hervortritt und mit seiner Fackel die Erde beleuchtet, in den finstern Abgrund des *Arâlû* zurücksinken.

---

1) ASKT 98 f. Z. 40 f. treten Allatu und Nergal selbst als Urheber der Krankheiten auf, weshalb der Beschwörer bittet: *pânîšu ana ašri šanîma liškun*, „richte sein Antlitz an einen andern Ort!"

2) IV R 22, 51/52 a (vgl. 1/2 ff.): *ultu Êkur ittaṣâ*, „aus dem Ekur sind sie entsprossen". IV R 1, 12/13 a: *binût Arâlî šunu* (vgl. 22/23 a); vgl. DELITZSCH, *Paradies* S. 121. IV R 1, col. III, 8 ff. (vgl. HALÉVY, *documents religieux* S. 28 f.; OPPERT, *fragm. mythol.* S. 13) heissen sie: *mârâni šipri ša Namtâri šunu guzalû ša ilu Allatu*, „Boten des Pestgottes sind sie, Thronträger der Allatu". Auch bei den Finnen gelten die Dämonen als Kinder der Unterwelt *(Tuonela)*, s. LENORMANT, *Magie* S. 244 f.

Neben Namtar und Asakku erscheinen als Dämonen der Unterwelt der *ilu limnu*, „der böse Gott“ (vgl. ASKT 90 f. Z. 61. V R 50, 50 a u. ö.), der *alû* (l. c. Z. 60 bez. Z. 44 a u. ö.)[1]), der *gallû*, „der Satan“ kat. exoch (vgl. bes. IV R 2, Col. IV), der *zaḳiḳu* (vgl. IV R 2, 4/5. 41/42 b mit Nimr. Ep. XII Tafel, Col. III, s. Kap. V), eig. „der Geist“ (V R 20, 51 e f ff. syn. *šâru*), *labâṣu* (S[c] 293. ASKT 90 f. Z. 62. לבץ?), *labartum*[2]) (ib.), *aḫḫazu* (ib.). Da man auch den Geistern der Verstorbenen schädlichen und günstigen Einfluss auf die Geschicke der Lebendigen zuschrieb, so gebrauchte man deren Namen *utukku* und *êkimmu* (vgl. S. 53 Anm. 4) zur Bezeichnung von Dämonen aller Art; ASKT 82 f. Z. 1 ff.: *ilu limnu, utukku limnu, utuk ṣêri* (vgl. IV R 16, Nro. 2, Z 1/2)[3]), *utuk šadî, utuk tâmtim, utuk ḳabri*, „der böse Gott, der böse Utuk, der Utuk des Feldes, der Utuk des Gebirges, der Utuk des Meeres, der Utuk des Grabes“; Z. 7 f.: *utuk kamû ša amêli êkimmu kamû ša amêli êkimmu êpiš limuttim utukku êpiš limuttim*, „der Utuk, der die Menschen packt, der Ekim, der die Menschen packt, der Ekim, der Böses thut, der Utuk, der Böses thut etc.“. ASKT 98 f. Z. 40 ff. erscheint der *utukku* als „böser Dämon“ geradezu in Verbindung mit dem Höllengott und seiner Gemahlin[4]).

Die gefürchtetsten Dämonen aber sind die sieben Geister des Abgrunds[5]), die *Anunnaki*, die Feinde des

1) Ideogr. *Te-lal*, „der mit Furcht erfüllt“ (?). Sanh. 5, 6 werden die Babylonier 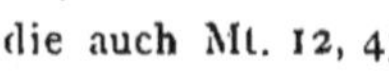 *limnûti* genannt.

2) *Labartum*, wol nicht *lamaštum* zu lesen; wie *Lubâru* von לבר „bedrängen“ abzuleiten.

3) Der „Dämon der Wüste“; vgl. die alttest. Anschauung Lev. 4, 3. Tob. 8, 3, die auch Mt. 12, 43. Lk. 11, 24 durchblickt.

4) Das Ganze erinnert an die Erinyen, Poinen und Keren in der Unterwelt der Griechen.

5) Ihnen gegenüber stehen die sieben Geister des Himmels, die, entsprechend den *marâni šipri ša Namtâri* (IV R 1, col. III, 8 ff.) das Attribut führen: *mârâni šipri ša ilu Anim šarri*, „die Boten des Königs Anu“ (IV R 5, 27/28 a. 25/26 b).

Gottes Ea" (IV R 2, Col. II 51/52). Eifersüchtig bewachen sie die „Quelle des Lebens" in der Unterwelt (vgl. Höll. Ist. Rev. 31 ff.) und sinnen von da aus Verderben über die Erde. Bei der Sintflut erscheinen sie neben Adar und Ramman als Verstörer; das Epos erzählt (Z. 99 f.): *ilu Anunnaki iššû diparâti ina namrîrišunu uḫammaṭû mâtum*, „die *Anunaki* brachten Fackeln, mit ihrem Glanze erzittern machend das Land". Und als Istar über die Vernichtung ihrer Menschenkinder klagt, heisst es (Z 118): „die Götter weinten mit ihr über die *Anunnaki*."

Zusatz I. Einige Bemerkungen über den Text IV R 23, Nro. 1. — Dieses äusserst schwierige Fragment handelt von einer Beschwörungsceremonie, die sich zum Teil auf Dämonen der Unterwelt zu beziehen scheint. Col. I, 6 f. ruft „die sieben Götter" an, „die Söhne des *Bêl-Mêšara*" (d. i. des Herrn der Unterwelt, vgl. S. 64) und die „zwölf kupfernen Götter, die am *lilîsu sippari*[1]), d. i. am ehernen Gitter gelagert sind". Links und rechts vom Gitter (Z. 17. 26) ist je ein Stier aufgestellt, von denen der linke genannt wird *šadû rabû âbû ilu Bêl ..... rê'u mušîm šîmâti* (Z. 30 ff.), während es von dem rechts stehenden u. a. heisst: *ana dârêš ilu Allatu*[2]) *êbrika*, „auf ewig ist Höllengöttin dein Freund". Zieht man noch col. I, 59 in Betracht, wo es heisst: *ênuma alpu ana bît mummu tušêribu* (LENORMANT, *Magie* S. 178, Anm. 2 trennt falsch), „wenn du den Stier in das Haus der Verwirrung (s. DELITZSCH zu SMITH, *Chald. Gen.* S. 297) eintreten lässt etc.", so scheint die Beziehung

1) Zu  = *lilisu* (S^b 260. IV R 23, 7 f. a. 8 f. b.) vgl. V R 32, 54 ff. (= II R 32, 43 ff. g h), wonach es einen „Zaun", eine „Umfriedigung" bedeuten muss, wofür auch das Ideogr. spricht (vgl. auch LENORMANT. *Magie* S. 178, Anm. 2 gegen RAWLINSON). Vorhergeht an der gen. Stelle *sirjâm*, „Panzer", vgl. Sanh. 5, 55), hebr. שִׁרְיוֹן, und *kurussu ša narṭabi, dalti; karâs dalti* aber ist nach II R 23, 47 cd = *êdilu* „Riegel", und *karâsu* = *katâmu* bezeugt II R 23, 47 f. c.

2) Zum Ideogr. vgl. S. 66 f.

des Textes auf die Unterwelt zweifellos. Aber die Behauptung, dass die Beschwörung „sich auf alle Phasen einer Höllenfahrt beziehe“ (LENORMANT, *Magie* S. 178), ist ebenso verfrüht als die Vermutung, dass wir im vorliegenden Fragment eine Totenliturgie vor uns haben (LENORMANT, *L'origine de l'histoire* cp. III). Eine befriedigende Uebersetzung der Fragmente scheint mir zur Zeit unmöglich; LENORMANT's Versuche (l. c.) sind zumeist missglückt. Beachtenswert scheint, dass, falls die Beziehung der Anrufung auf Dämonen der Unterwelt sich bestätigt, auch im Babylonisch-Assyrischen eine Beziehung der Unterweltsgottheiten zu den Göttern der Fruchtbarkeit und des Feldbaues zu konstatieren ist, entsprechend dem griechischen Verhältnis der Persephone, Gemahlin des Hades, zu Demeter, der Schutzgöttin des Ackerbaues. Denn Col. I, 9 ff. erhält der angerufene „gewaltige Stier“, vor dem der Priester „mit reinen Händen opfert“, die Attribute: *kâbis rêti êllitim, ibtâ' ḳirbîti, murîm ḫêgalli, êriš nirba* etc. Auch II R 59, 43 d e f erscheint neben den Göttern der Unterwelt die Göttin des Feldes und der Fruchtbarkeit.

Zusatz II. *Ea* und *Damkina* (*Dam-gal-nun-na*, „Herrin der grossen Wasserwohnung“)[1]) haben mit den Gottheiten der Unterwelt durchaus nichts zu thun. Ea gilt als der Gott der Wassertiefe (*apsû*, eigentlich „Haus der unergründlichen Weisheit“, d. i. der Palast des Ea, den man in den Tiefen des Oceans gelegen dachte), im Gegensatz zu Anu, dem Himmelsgott, und Bel, dem Gott der oberirdischen Welt. Die Dämonen des Totenreiches sind seine Feinde (vgl. S. 72 f.), aber infolge seiner Herrscherstellung hat er besondere Macht über diese Bewohner der „Meereshöhle“ (*naḳab apsî* IV R 2, Col. V). Wie Ea's Weisheit die Geister der Toten zu beschwören vermag, so heisst auch seine Gemahlin *bêlit šipit apsî*, „Herrin der Beschwö-

1) Auch *ama-eš-maḫ* geschrieben, s. ZIMMERN, *Bab. Bussps.* S. 49, der sie übrigens ebenfalls für die „Höllengöttin“ hält.

rung der Wassertiefe" und wird zur Lösung eines Bannes neben Ea und Marduk angerufen, s. IV R 22, 27 f. b. 25, 24 a.[1])

4. Ort und Bewohner.

A. Die Unterwelt, deren Oertlichkeit wir in erster Linie aus der „Höllenfahrt der Istar" kennen[2]), ist teils als unterirdisches Land oder Stadt, teils als gewaltiger Palast gedacht, in den Bergtiefen des *Arâlû* gelegen, von siebenfacher Mauer umgeben, und durch die „Gewässer des Todes" vom Lande der Lebendigen getrennt (vgl. Kap. IV, 1). Von diesem Totenflusse heisst es (Nimr. 67, 24):

paškat nibirtum šupšûkat uruḫša,
u bi-ra-a mê mûti ša panâsa parkû,

„schwer ist die Ueberfahrt, gar beschwerlich ihr Pfad,
und verschlossen (?) sind die Gewässer des Todes, die ihn (eig. seine Vorderseite) verriegeln (als Riegel vorgeschoben sind).

Das äusserste der Thore grenzt an den Halteplatz des Schiffes, das von der Erde hinüberführt in das Land, das völlig abgeschlossen ist vom Licht, da Staub und Kot den ganzen Raum bedeckt, und Staub auf Thor und Riegel lagert. Hinter jenem Thore ist der Standort des Wächters, der unbefugten Besuchern den Eintritt verwehrt und die Namen der Ankömmlinge der Todeskönigin, der Göttin Allatu, zu melden hat. Ist ihnen der Eintritt gewährt, so geleitet er sie den langen Pfad durch die sieben Thore hindurch, entledigt sie der Kleider vom Hauptschmuck bis zum Gürtel; denn nach uraltem Gesetz müssen die Bewohner der Unterwelt nackend vor dem Throne ihrer

---

1) Zu *Nin-aḫa-kuddu*, die neben Ea als „Herrin der reinen Beschwörung" erscheint, s. HOMMEL, *Semiten* S. 383.

2) Die Schilderungen der Unterwelt IV R 27, Nro. 2 (nach HOMMEL südbab.) und IV R 24. Nro. 2 (nordbab.) sind zu fragmentarisch, als dass sie für dieses Kapitel verwertet werden könnten. HOMMEL betrachtet sie (*Semiten*, S. 323 f.) als nichtsemitische Vorläufer der „Höllenfahrt der Istar" (?).

Herrin erscheinen. Dort empfangen sie dann den Richterspruch über ihr künftiges Schicksal. Namtar, der Diener, harrt des Befehls und führt die Verdammten an einen Ort besonderer Qual, sei es an den Ort, wo ekelhafte Krankheiten dem Toten den Rest seiner Kraft rauben, sei es in das grosse Gefängnis, wo ungeniessbare Speise, äusserste Finsternis, Qualen der verschiedensten Art des Verurteilten harren. Aber auch das Leben derer, die nicht zu besonderer Strafe verdammt sind, ist fried- und freudelos. Ihre Nahrung ist Lehm, Licht schauen sie nicht;[1]) „mit ihnen ist es aus nach uraltem Gesetz".

So ist der Hades ein Ort des Schreckens und der Qual, und es ist begreiflich, dass der Dichter bei der Schilderung des „Landes ohne Heimkehr" die düstersten Farben aufträgt. Wir kennen solche Hades-Gemälde aus dem Eingange der „Höllenfahrt der Istar" und aus dem verwandten Epos, das in Haupt's Edition wohl irrig dem Epos von Nimrod zugezählt ist.[2]) Dort heisst es:

---

1) Der Zusatz Obv. 9: „Sie sind gleich Vögeln bekleidet mit Flügelgewand" scheint in Widerspruch zur sonstigen Schilderung des Schattendaseins der kraftlosen Wesen zu stehen. Uebrigens möchte ich hierzu nachträglich bemerken, dass für *kappu* die Bedeutung „Flügel" durchaus nicht feststeht. An Stellen wie III R 52, 32 a. V R 30, 64 e f. IV R 16, 66 a (wo vom *kappu* eines Dämon die Rede ist), kann das Wort ebenso gut „Kralle", als „Flügel" bedeuten.

2) Die Nichtzugehörigkeit dieser Tafel zum Nimrod-Epos (Haupt, *Nimr. Ep.* 16—19. IV R 49, Nro. 2) ergiebt sich schon aus der S. 4 ff. von mir erwiesenen Nichtzugehörigkeit der „Höllenfahrt der Istar" zum Nimrod-Epos. Aber auch der Inhalt von Haupt, *Nimr. Ep.* 16—19 selbst spricht dagegen. Es scheint, als ob wir hier die abgeschlossene Erzählung einer Hadesbefreiung vor uns hätten, die mit der „Höllenfahrt der Istar" nur die ziemlich gleichlautende Schilderung der Unterwelt gemein hat. Die Vorderseite der Tafel ist nur zum Teil erhalten. Aber aus Zeile 5. 6 und 8 (*Nimr.* S. 16) ist zu erkennen, dass es sich um die Wehklage eines Freundes um einen Freund handelt, der in das grosse Gefängnis (*iṣra rabâ* vgl. Höll. Ist. Rev. 23) der Unterwelt eingeschlossen ist (die Situation also ähnlich der am Anfang der XII. Nimrod-Tafel). Die zweite Hälfte des Obv. und die erstere (grössere) Hälfte des Rev. sind verloren. Die Schlusszeilen des Rev. führen uns offenbar mitten in die Erzählung

. . . .

[ ] uttêranni

[ ] kîma iṣṣur i-di(ṭi?)-ja[1]

an(?)-dan-ni i-rid(?)-dan-ni ana . bît êkliti šubat

ilu Irkalla

ana bîti ša êribušu lâ aṣû

ana ḫarrâni ša alaktaša lâ tairat

ana bît ša âšibušu zummû nûra

ašar êpru bubûsinama akalšina ṭîṭi

labšâma kîma iṣṣuri ṣubât kappi

u nûra lâ immarâma ina êṭûti ašbâ.

Für die Uebersetzung von Mitte der dritten Zeile, desgleichen für die Worterklärung s. oben S. 10 f. 24 f. Die vorausgehenden Worte und Zeilen sind zu fragmentarisch, als dass ich eine Uebersetzung wagen möchte. Die übliche Version (zuletzt Sayce, *Alte Denkmäler* S. 193) ist nicht zuverlässig.

Ergreifenden Ausdruck findet die Klage über die Hinabfahrt des Toten zur Unterwelt auf einem Fragment, das Lenormant[2]), durch falsche Uebersetzung zweier Stellen verleitet, für einen Hymnus an den babylonischen Herakles hielt.[3])

. . . *illak i-rid(? šit?) ana irat irṣitim[ ]*

uštabárî[4]) [bez. *ilu Šamaš irtabîšu*] *ana irṣitim mîtûti*

nizzatum[5]) *ma-li ina ûm imḳutuma ina irditim*

ina arḫi lâ mušallimu šattišu

ana ḫarrâni gâmirat nîšê [bez. *mupâšiḫat amêlûti*]

---

dessen, der, anfangs von seinem Freunde beklagt, nun aus dem Hades befreit ist und die Schrecken des Hades (Z. 28—40), sowie die Freuden des seligen Lebens, in das er jetzt entrückt werden soll (vgl. Kap. V), schildert.

1) Eine Vogelart? Ist an עיט zu denken?

2) *Magie und Wahrsagekunst* S. 138.

3) IV R 30, 8 ff. c.

4) *barû* „sich sättigen" III, 2.

5) Ueber diese Schreibung s. Zimmern, *Bab. Busspṡ.* S. 92 f.

ana širḫi ša bat [ ]
êtlu ana irṣitim rûḳti ša lâ innâmaru.

. . . . . . Er ist gegangen, ist . . . . . . entgegen der Unterwelt[
er hat sich gesättigt [Šamaš liess ihn . . . .] zum Lande der Toten,
von Wehklagen ist er voll an dem Tage, da er gestürzt in Bedrängnis,
in dem Monat der sein Lebensjahr nicht zur Vollendung kommen lässt,
auf den Pfad, da es aus ist mit den Menschen [der die Menschenkinder zur Ruhe bringt],
zum Wehgeschrei . . . . . [ ]
er, der Held, — zum fernen, unsichtbaren Lande.

B. Das Hades-Relief. Clermont-Ganneau veröffentlichte in der *Revue Archéologique*, Dez. 1879, ein merkwürdiges Monument, das von einem Landmann in Palmyra gekauft ward, nach Stil und Darstellung aber unzweifelhaft aus Assyrien stammt. Der berühmte französische Archäologe giebt an genannter Stelle eine eingehende Beschreibung der von ihm mit Recht als *l'Enfer assyrien* bezeichneten Skulptur. Die angezeigte Fortsetzung und sachliche Besprechung ist leider durch eine dazwischen getretene Orientreise des Gelehrten unterblieben. Wesentlich im Anschluss an Clermont-Ganneau's Erläuterungen bespricht das Monument Perrot, l. c. S. 361 ff. Für den Zweck meiner Untersuchungen scheint mir Folgendes bemerkenswert.

Die Rückseite des Reliefs wird ausgefüllt von einem viergeflügelten, schuppigen Ungeheuer von der Gestalt eines Leoparden, der über den Rand der Tafel hinwegschaut und mit drohender Geberde die auf der Vorderseite dargestellte Scene beherrscht. Diese selbst zerfällt in vier Bilder. Das 3 Bild stellt die oben besprochene Trauerfeierlichkeit dar (s. S. 54) und den Kampf zweier Dämonen, welcher die gegenseitige Vernichtung der bösen Mächte und damit ihre Machtlosigkeit über den Geist des Toten, an dessen Sarge die schützenden Genien stehen, darzustellen scheint. Das darüber befindliche 2. Bild wird durch 7 Dämonen mit Thierköpfen ausgefüllt, die mit den Schultern und dem rechten, emporgehobenen Arm die erste Zone stützen, die den Sitz der Götter andeutet durch die Zeichen für Sonne, Mond, Planeten und andere Embleme. Das unterste Bild, offenbar die Hauptscene bietend, zeigt das Ufer der Unterwelt, bespült von den Gewässern des Todes (vgl. S. 75), die durch schwimmende Fische als fliessendes Wasser gekennzeichnet sind. Am Ufer landet ein Kahn, beladen mit einem Pferde, auf dessen Lenden ein wunderliches Ungeheuer mit dem rechten Knie gestützt ist. Das linke Bein des Ungeheuers hält mit Raubvogelkrallen den Kopf des Pferdes nieder. Zwei junge an den Brüsten säugende Löwen kennzeichnen es als weibliches Wesen. Mit emporgehobenen Händen würgt es zwei Schlangen [1]. Man dürfte nach Allem, was wir von der Unterwelt der Assyrer wissen, kaum fehlgreifen, wenn man die Gestalt als eine Darstellung der Höllengöttin Allatu erklärt. Was bedeuten aber die Schlangen? PERROT bemerkt l. c. S. 804 zu der unten erwähnten Parallel-Figur: „*Si, comme il y a lieu de le croire, c'est une déesse infernale qui est ici représentée, il est facile de comprendre comment les serpents lui sont associés; ce sont des symboles de résurrection; chaque année le serpent quitte*

1) Eine interessante Variante hierzu findet sich auf einem in den Ruinen Babylons gefundenen Relief (veröffentlicht bei LAJARD, *Recherches sur le culte de Vénus*, Par. 1849, pag. 130, pl. XVII, Fig. 1). Das Pferd liegt hier nicht im Kahn, sondern auf platter Erde. Das Schlangen würgende Ungeheuer steht hier mit beiden Füssen auf dem Rücken des Thieres, während an ihren Brüsten zwei verschiedene Thiere saugen; das linke klammert sich am Bein des Ungeheuers fest, während sich das rechte mit den Hinterpfoten auf den Kopf des Pferdes stützt. — Die Rückseite des Reliefs enthält eine fast rein ideographisch geschriebene Beschwörungsformel, deren Sinn mir im Grossen und Ganzen dunkel geblieben ist.

sa peau, mais pour en retrouver tout de suite une autre.“ Beiläufig sei daran erinnert, dass nach Diodorus Siculus das Bild der babylonischen Hera im Tempel des Bel in der rechten Hand eine Schlange, in der linken ein Scepter zeigt, während neben dem Bilde der Rhea zwei grosse silberne Schlangen aufgestellt waren[1]). Links vom Kahn, am Ufer, steht, die Rechte drohend emporhaltend, ein geflügeltes Ungeheuer von gleicher Gestalt mit dem Dämon, der die Hinterseite des Reliefs deckt. Es scheint, als sei diese Gestalt Repräsentant für alle die dämonischen Mächte, von denen man die Unterwelt bevölkert denkt. Rechts von der Kahngruppe sind allerlei Gegenstände gruppiert, offenbar von ideographischer Bedeutung, und am Ufer des Wassers sind zwei Bäume gepflanzt. Ich vermute darin die Andeutung, dass man nach rechts hin anschliessend die Gefilde der Seligen dachte. Dafür sprechen folgende Beobachtungen: 1. Das Wasser strömt (wie die Schwimmrichtung der Fische anzeigt) von links nach rechts zu einer Gegend, wo nicht mehr die Oede des Totenlandes herrscht, sondern Bäume, am Ufer gepflanzt, eine glücklichere Gegend bezeichnen. Es ist hier nötig, vorgreifend an die Thatsache zu erinnern, dass Nimrod, um zum Lande der Seligen zu kommen, die Gewässer des Todes ebenfalls überschreiten muss und dass diese die Gestade der Seligengefilde bespülen (vgl. Kap. IV, 1). Auch kommt er vorher zu einem Lande, in dem herrliche Bäume gepflanzt sind. 2. Der eine der Gegenstände (eine Art Koffer) ist identisch mit einem Emblem des obersten, den Göttersitz markierenden Bildes. — Die Darstellung des Skorpions auf der Grenze zwischen der Kahnscene und der Bildergruppe darf wol kaum mit dem Skorpionmenschen in Zusammenhang gebracht werden, der im Nimrod-Epos die Gewässer des Todes an der Stelle überwacht, wo diese den Zugang zu den Gefilden der Seligen bilden (s. Kap. IV, 1).

KAPITEL IV.

Die Gefilde der Seligen.

In der Anschauung von der „Quelle des Lebens“, die sich in dem „ewigen Palaste“ des *šuâlu* findet (vgl. Höll. Ist. Rev. 15 ff. S. 18 f. 37 ff.) liegt der Keim der Vorstellung von einem glücklicheren Zustande nach dem Tode verborgen. Ehe man sich jedoch zu der kühnen Hoffnung auf eine Befreiung aus jenem „Lande ohne Heimkehr“ aufzuschwingen wagte, lag es näher, die Helden des Volkes dem Hades ganz zu entziehen und durch die Kraft der unsterblichen Götter sie in ein Land ewiger Wonne und Freude entrücken zu lassen. Der Aufenthalt in diesem Lande, das nach dem Folgendem als eine Insel [1]) im fernen Süden jenseits der „Gewässer des Todes“ gedacht werden muss, ist nicht identisch mit dem „Wohnen in der Versammlung der Götter“. Wohl aber darf man annehmen, dass der Zustand der seligen Helden nicht gedacht werden konnte, ohne dass man die also Bevorzugten in der Nähe der Götter weilend, den Götterberg in der Nähe der Seligengefilde gelegen sich dachte.

Uebrigens ist von vornherein zu bemerken, dass durch die Vorstellung von den „Gefilden der Seligen“ bei den Babylonier-Assyrern durchaus nicht die Anschauung von einer Trennung der Guten und Bösen nach dem Tode po-

1) Vgl. die *νῆσος μακάρων* bei Hesiod (Opp. et dies. 167 vgl. Lycophr. 1204), wo die von Jupiter zur Seligkeit Bestimmten ihr sorgloses Dasein führen (anders Homer, s. Od. 4, 563 ff.), und die Stadt Saturns bei Pindar (Olymp. II, 105—143), die ebenfalls auf einer glücklichen Insel liegend gedacht wird.

stuliert ist. Die Entrückung Einzelner in ein Land der Seligen ist so gut Ausnahme, wie im Alten Testament die Entrückung eines Henoch und Elias. Schon deshalb sind Josef Halévy's Aufstellungen in seiner „*arabischen Sage von Burhoût*" (*Journal Asiatique* 1885, S. 193 ff.) hinfällig, dass auch bei den Babyloniern nach der „den semitischen Völkern gemeinsamen" Anschauung die Seelen der Gottlosen im äussersten Süden wohnen, während die Frommen in der Nähe des Götterberges, im äussersten Norden, verweilend gedacht seien (vgl. auch S. 160 f.).

1. Die Reise Nimrods nach den Gefilden der Seligen.

Wir fassen im Folgenden die leider nur bruchstückweise erhaltenen Angaben der IX. und X. Tafel des Nimrod-Epos über die Erlebnisse Izdubar-Nimrod's auf seinem Wege nach den Gefilden der Seligen, dem Wohnort seines Ahnen *Pir-napištim*[1]) (des babylonischen Noah), zusammen, soweit sie für unser Thema von Belang sind.

Nachdem die VI. und VII. Tafel des Epos erzählt haben, wie Nimrod als Befreier des Landes den Königsstuhl Erechs bestieg (Haupt; *Nimr. Ep.* 42, 1—5) und Istars Liebe für den Helden entbrannte (42, 6—43, 21), wie diese, mit dem Liebesroman ihrer Jugend abgewiesen, an ihren Vater Anu sich wendet, Rache für die Schmähung erflehend (43, 22—45, 79), wie ferner Nimrod nach einer neuen Heldenthat (46, 115—48, 109) von Istar verflucht wird (48, 174—177), und sein Busenfreund Eabani als Antwort darauf neue Schmach auf Istar häuft (178—183), während die Göttin mit ihren Dienerinnen über ihre beleidigte Ehre klagt (49, 184—186), — berichtet die VIII. Tafel am Schluss von der tötlichen Erkrankung Eabani's auf Anstiften der Göttin, und Tafel IX beginnt mit der Totenklage Nimrods um Eabani

1) Ueber seine Entrückung vgl. Kap. V. Die Lesung *Pir-napištim* (Zimmern, *Babyl. Bussps.* S. 68, Anm. 1; ähnlich Delitzsch, *Paradies* S. 121), „Spross des Lebens", dürfte der traditionellen Lesung *Šamaš-napištim* (bez. *Um-napištim*) vorzuziehen sein.

und dem Entschluss, zu seinem Ahn *Pir-napištim* zu gehen, um das Geheimnis seiner Apotheose zu erfahren und Heilung vom Aussatz, mit dem ihn die Götter geschlagen, von ihm zu erlangen (IX. Taf. Col. I, 1 ff.; Haupt, *Nimrod Epos* S. 59):

Namrûdu ana Eabâni ibrišu
zarbiš ibákîma irápud ṣêra
anâku amâtma ul kî Eabâni-mâ[1])
nissâtúm itêrub ina karšija
mûta aplaḫma arápud ṣêra
ana lêt[2]) *Pir-napištim apil Kidin-Marduk*[3])
urḫa ṣabtâkûma ḫanṭiš allak,

„Nimrod weinte um Eabani[4]), seinen Freund,
bitterlich, sich niederlegend aufs Feld:
„„Ich will nicht wie Eabani sterben;
Wehklage ist eingezogen in mein Gemüt,
Furcht vor dem Tode habe ich bekommen, mich niederlegend auf's Feld.[5]) —
Zur Kraft des *Pir-napištim*, des Sohnes *Kidin-Marduk's*,
nehme ich den Weg, eilenden Schritts.“ “

---

1) Offenbar Verstärkungspartikel; gewiss Eins mit *ma*. Ebenso *Nimr. Ep.* S. 71, 22.

2) Vgl. κρατερὴ ἲς Ὀδυσσῆος 'σθένος, βίη, μένος Ἡρακλῆος etc.; sofern die Kraft hervorstechende Eigenschaft jedes Helden ist, wird sie umschreibend für den Helden selbst gebraucht.

3) Der zweite Bestandteil des Namens ist gut semitisch. 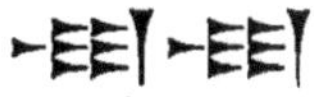 ist der durch Verdoppelung ( etc.) gebildete Plural von *tû* = *šiptu* „Beschwörung“ und bezeichnet Marduk als den „Herrn der Beschwörungen“. Der erste Teil des Namens ist das mehrfach bezeugte Subst. *kidinu* „Knecht“, von *kadânu* „in die Gefangenschaft führen“. Der Name bedeutet also: Knecht Merodachs.

4) Auf den ersten Tafeln des Nimrod-Epos erinnert die Gestalt des Eabani an den römischen Priapus, der Schutzgott der Gärten und Gefilde und zugleich Repräsentant ungezügelter Wollust war. Als Sohn des Ea, des Gottes der unergründlichen Weisheit, ist Eabani zugleich Traumdeuter und Orakelverkünder.

5) Aehnlicher Trauergestus bei den Hebräern; vgl. 2. Sam. 12, 16. 13, 31. Ez. 27, 30; bei den Griechen, vgl. Od. 4, 541. Il. 22, 414. 24, 165. 640.

Nimrod machte sich nun sofort auf den Weg. Der übrige Theil der IX. Tafel ist arg verstümmelt; er erzählt das erste Reiseabenteuer des Helden. Der Mondgott zeigt ihm im Traume den Weg. Dann folgt als zweites Abenteuer die Begegnung mit den Skorpionmenschen (Col. III, 2 ff., Haupt, *Nimr. Ep.* S. 60). Er trifft auf diese, nachdem er zu einem Berge gelangt ist, als dessen Name *Mâšu* ihm kund wird. Von diesem Berge heisst es in relativischer Unterordnung:

ana šad Mâši —
ša ûmêšamma inâṣarû aṣî [bâbišu]
êlûšunu šubuk[1]) *šamê [kaš-du-ma(?)]*
šapliš Arâlê iratsunu kašdat
zuḳaḳîp-amêlu inâṣarû bâbšu
ša rašbat pulḫatsunuma imratsunu mûtu
galtu mêlammušunu sâḫip ḫursâni
ana aṣê ilu Šamši u êrêb ilu Šamši inâṣarû ilu Šamšima
îmuršunûtîma Namrûdu puluḫta
u rašûbata itêkil pânišu
iṣbat tênšuma ḫurub maḫaršun
zuḳaḳîp-amêlu ana zinništišu išêsi
ša illikannâši  *ilâni zumuršu*,

„Zum Berge *Mašu* u. s. w.,
dessen Thorausgang tagtäglich (Wesen) bewachen,
deren Rücken reicht bis an das Gitter des Himmels,
deren Brust bis unter den Arâlû reicht —
die Skorpionmenschen bewachen sein Thor;
ihr Schrecken ist gewaltig, ihr Anblick Tod,
furchtbar ihr Glanz, Berge hinschmetternd,
beim Aufgang der Sonne und beim Niedergang der Sonne bewachen sie die Sonne:
Es erblickte sie Nimrod, vor Furcht und

1) Zur Bedeutung „Gitter des Himmels" s. IV R 5, 4 a. 60 a. 71 a. II R 48, 45 cd; vgl. auch AL³ S. 136, 1/2.

Schrecken wurde umnachtet sein Antlitz,
es raubte ihm die Besinnung ihr wüstes Aussehen.
Der Skorpionmensch spricht zu seinem Weibe:
„ „Er der zu uns kommt, ein Wahrzeichen der Götter ist sein Leib.“ “

Am Berge *Mâšu* ist unser Held angelangt. Dieser Berg versperrt ihm den Weg. Ein Thor führt in sein Inneres, aber ein Ungeheuerpaar, halb Mensch, halb Skorpion, bewacht es. Nachdem Nimrod ihm sein Vorhaben erzählt, zu *Pir-napištim*, der um Leben und Tod wisse (*Nimr. Ep.* 61, 5), zu gehen, warnt ihn der Skorpionmensch vor der gefährlichen Reise; 12 Meilen müsse er auf einem öden, einsamen Wege die Länder *Mâšu* (62, 40), die in ewige Finsternis gehüllt seien (61, 11 vgl. 63, 36), durchwandern. Aber Nimrod lässt nicht ab und erhält schliesslich die Erlaubnis, das Thor zu betreten (62, 43 ff.), den Gefahren der 12 Meilen sich zu unterziehen.

Das Land *Mâšu* ist in historischer Zeit aus den Feldzügen des Asurbanipal und Sargon bekannt als das Land der syr.-arab. Wüste an der Süd- und Südostgrenze des Euphrat- und Tigrisgebietes (vgl. Delitzsch, *Paradies* S. 242 f.). In der uralten Zeit, in der unser Epos entstanden ist, kannte man sicherlich nur dunkle Gerüchte über dieses Land der Verschmachtung, in dem kein lebendes Wesen zu existieren vermochte. Wenn nun in der Sage der Weg Nimrods nach dieser Gegend sich lenkte, was Wunder, dass die Phantasie der Volksdichtung dieses Land als Durchgangsort zu den „Gewässern des Todes“ auf das abenteuerlichste ausgeschmückt hat. Der Weg führte demgemäss durch das Dunkel des Berges *Mâšu* hindurch, an dessen Thor wie zwei gewaltige Sphinxe die Skorpionmenschen wachen.

Col. V und VI (*Nimr. Ep.* S. 63 f.) wird die Schilderung des Weges fortgesetzt. Leider ist auch dieses Stück der Erzählung nur fragmentarisch erhalten. In den letzten Zeilen von Col. V finden wir Nimrod in einem Lande herrlicher Bäume, deren Früchte Edelsteine sind, und am Ende von Col. VI ist er am „Meere“ angekommen, wo ihm durch das Zwischentreten der *sal* oder *ilu si-du-ri*[1]) *Sabitum* (siehe l. c. S. 64, 36. 65, 1) ein neues Hindernis bereitet wird.

Aus dem, was von Z. 1—9 erhalten ist, möchte ich schliessen, dass Nimrod, angesichts der ihm noch bevorstehenden „fernen Wege“ von neuem entmutigt, in Wehklagen (*nizzatum*[2])) ausbricht. Als dann weiter *Sabitum*, nachdem sie Nimrod erblickt hat, ihr Thor verriegelt, droht dieser, ihre Thüre zertrümmern zu wollen[3]) (Z. 10—22). Das folgende fehlt. Doch muss *Sabitu* dem Nimrod die Unmöglichkeit geschildert haben, seinen Weg, der nun über ein unüberschreitbares Meer führe, fortzusetzen; denn dieser erzählt abermals den Grund seiner Reise und jammert um seinen „geliebten, zu Staub (*ṭîṭiš*) gewordenen Freund“ Eabani, dessen Loos zu teilen ihm gleichzeitig ein unerträglicher Gedanke ist (l. c. S. 67, 12 f., zu ergänzen gemäss S. 71, 21 f.). Dann fleht er die *Sabitu* inständigst an, ihm doch den Weg zu *Pir-napištim* zu zeigen[4]) und schliesst seine Rede (S. 67, 16 ff.) mit den Worten: *šumma naṭûma tâmta lûbir šumma lâ naṭûma ṣêra lurpud*, „ist's möglich, so will ich das Meer überschreiten, ist's nicht möglich, will ich auf die Erde mich legen.“ *Sabitum* antwortet ihm:

Ul ibšî Namrûdu nîbiru matêma
u mamma ša ultu ûm ṣât mâti (?) lâ ibbiru tâmta
êbir tâmti Šamaš ḳurâdu um-mu ak-la[5]) *ilu Šamaš*
ibbir mannu
pašḳat nîbirtum šupšuḳat uruḫša
u birâ.mê mûti ša pânâsa parkû
alumma Namrûdu têtêbir tâmta

---

1) „Mädchen“?, vgl. II R 32, 27 f cd: *si-du-ru*, syn. *ardatum*, *mirtu*.

2) Zum Ideogramm (wie l. c. S. 9, 49 u. ö.) s. II R 20, 31 ab; die Schreibung *nizzatum* wie IV R 30, 13 c u. ö., s. ob. S. 77.

3) Vgl. die erste Scene in der Höll. Ist. Obv. 13 ff. S. 9 f.

4) *idni*, Imp. fem. Sg. von *nadânu*, „geben“.

5) Vgl. *Nimr. Ep.* S. 73, 2.

ana mê mûti kî taḳridu[1]) *têppuš minâ*
Namrûdu ibašši Arad-Ea malaḫu ša Pir-napištim
šu-ud[2]) *abnê ittišu ina libbi kišti iḳâtab urna*[3])
[ ] lîmiru pânika
summa naṭûma êbir ittišu summa lâ naṭûma i-ḫi-iz (? is, iṣ ?) arkat-su (? ka ?),

„Nimrod, es hat niemals eine Ueberfahrt gegeben,
und Niemand seit ewiger Zeit kann das Meer überschreiten —
Samas der Held hat überschritten das Meer[4]), ausser (??) Samas, wer kann es überschreiten?
Schwer ist die Ueberfahrt, gar beschwerlich ihr Pfad,
und verschlossen (?) sind die Gewässer des Todes, die als Riegel vorgeschoben sind.
Warum (?), Nimrod, willst du überschreiten das Meer?
Da du den Gewässern des Todes dich näherst — was willst du thun? — —
Nimrod! Es ist *Arad-Ea* der Schiffer des *Pir-napištim*,
[ ] Steine mit ihm, er fällt im Walde einen Cedernbaum,
[ ] möge dein Antlitz schauen.
Ist's möglich, fahre über mit ihm, ist's nicht möglich, . . .
. . . hinter ihm (? dir ?)."

Das Thor der *Sabitu* sperrte hiernach den Zugang zum Ocean ab, der nach langer, beschwerlicher Fahrt in die „Gewässer des Todes" führte. Wir haben hier eine ähnliche Thorwacht vor uns, wie die am Zugang zum ersten Thore der Unterwelt in Istar's Höllenfahrt; nur dass jenes Thor sich jenseits der Todesgewässer befindet. Mit den Wassern des Oceans, die nach assyrisch-babylonischer

---

1) Vgl. *Nimr. Ep.* S. 10, 47 und *Sintfl.* Z. 85 (nicht Schreibfehler für *iḳriba*).

2) Vgl. S. 69, 39.

3) Genau entsprechend aram. אַרְזָא (hebr. אֹרֶן); sonst ist *êrinu* das gewöhnliche Wort für Cedern und Cedernarten.

4) Erinnert an die Sage von Helios und Phaeton.

Anschauung die Erde gleich einem Gürtel umgaben, mischten sich ringsum die Gewässer des Todes. An der Stelle, wo Nimrod sich eben befindet, war zugleich der Zugang zu den Gefilden der Seligen, die gleich der Unterwelt jenseits des Totenflusses gedacht sind. Hier war deshalb der Halteplatz des *Arad-Ea* (d. h. Knecht Ea's), der mit dem Amt eines Fährmannes für die zu den Gefilden der Seligen Entrückten betraut war; diesem stand, wie es scheint, die Ueberfahrt zu dem Lande der Lebendigen jederzeit offen.

Col. III, 1—30 (l. c. 69, 20—31 vgl. S. 73) erzählt Nimrod dem *Arad-Ea* sein Leid und schliesst mit der Bitte, ihn überzusetzen (Z. 32—35). Die Antwort des *Arad-Ea* (Z. 36 ff.), die etliche zur Zeit noch unverständliche Wörter enthält, giebt Nimrod den Befehl, in den Wald hinabzusteigen, ein 60 Ellen langes *parisu* (Ruder?)[1]) anzufertigen und andere Vorkehrungen zur Reise zu treffen. Nimrod verrichtet den Auftrag und beide besteigen das Schiff. Nach mehr als monatlanger Fahrt sind sie angelangt in den Gewässern des Todes. Nun scheint die eigentliche Gefahr zu beginnen; denn im Folgenden (Col. IV, 1—11; l. c. S. 70) wird erzählt, wie der Schiffer den Helden ermahnt, nicht zu ruhen, so lange die Fahrt währt in den Gewässern des Todes (*mê mûti kâtka ai iltapit*). Die folgenden Zahlenangaben scheinen sich auf die anstrengende Ruderarbeit des Helden zu beziehen. Z. 9 ff. besagt offenbar, dass Nimrod ausruht und die Gefahren hinter sich weiss (*u šû ipṭur ḳabalšu*, „er löste seinen Gürtel").

Nachdem die gefahrvolle Fahrt überstanden, nähern sich die Beiden den Ufern der Seligengefilde. Col. IV, Z. 12 ff. (l. c. S. 70) erzählt, wie *Pir-napištim* vom Ufer aus Betrachtungen über den wunderlichen Fahrgast seines Fährmannes anstellt. Am Anfang von Col. V finden wir

1) Vgl. K. 4378 (AL³), Col. VI, 59—60 (II R 45, 13 f. a b); Sintfl. 247. St. פרם „zerteilen", vgl. hebr. פַּרְסָה „Huf".

Nimrod im Gefilde der Seligen. Er klagt dem *Pir-napištim* sein Leid: wie er Länder und Gebirge durchzogen und Meere überschritten habe und „nirgends habe sich mit fröhlichem Anblick gesättigt sein Antlitz". Mit den Worten des *Pir-napištim*, „Nimrod habe mit Weh sein Herz erfüllt" etc., schliesst die V. Col. der X. Tafel. Die wie es scheint sehr lange Gegenrede des *Pir-napištim* endigte mit den Worten (Col. VI), dass Niemandem, ausser dem Gott des Schicksals, es vergönnt sei, den Menschen vor dem Tode zu schützen; denn „so lange wir Häuser bauen, so lange wir versiegeln (d. h. Verträge schliessen), so lange Brüder sich zanken, so lange Feindschaft besteht . . . . .", *ša mûti ul uddû ûmêšu*: „des Todes Tage sind unbekannt". — Bekanntlich erzählt hierauf *Pir-napištim* „die Geschichte seiner Errettung" (*amât niṣirti*), die Geschichte von der Sintflut (XI. Tafel des Nimrod-Epos; s. AL[3] S. 101 ff.).

2. Die Lebensquelle und die Lebenspflanze in den Gefilden der Seligen.[1])

A. Nach Beendigung der Sintfluterzählung beginnt *Pir-napištim* mit der Heilung des Nimrod.[2]) Zunächst erhält dieser seine Kraft wieder durch eine Zauberspeise, die er auf dem Schiffe liegend im Zauberschlafe geniesst (Taf. XI; s. AL[3] S. 101 ff., 186—218). Gelegentlich der darauf folgenden Heilung vom Aussatz erfahren wir Einiges über die Beschaffenheit der Seligengefilde.

---

1) Die Sage vom Lebenswasser und Lebenskraut ist allen semitischen Völkern gemeinsam und ist von ihnen auch zu den Indogermanen gedrungen. Der babylonische Einfluss müsste Gegenstand einer besonderen Besprechung sein. Wegen der Gleichheit des Schauplatzes sei hier nur auf die jüdische und arabische Alexandersage von der Reise nach dem Paradies und der Auffindung der Lebensquelle hingewiesen; vgl. AUG. WÜNSCHE in *Grenzboten* 1879, 4, S. 269 ff.

2) Dieses letzte Stück der IX. Tafel ist bedauerlicher Weise nur bruchstückweise erhalten.

Das Gestade der Insel denkt man sich auf der einen Seite von den Gewässern des Todes bespült. Das beweist allein schon der oben geschilderte Verlauf der Fahrt. Z. 219—224 scheinen es noch näher zu bestätigen; denn der Sinn dieser Zeilenfragmente ist der, dass Nimrod sich weigerte, in dem Gewässer des Todes, in dem er mit seinem Schiffe vor Anker lag, länger zu bleiben: *šû mûtúma*, „das bedeutet den Tod" (Z. 223). In der That konnte man mittels einer Fähre, die an einem andern Punkte der Seligengefilde ankerte, zu einem Lebensquell gelangen, der wahrscheinlich am jenseitigen Ufer des Elysiums lag; denn *Pir-napištim* befiehlt seinem Knechte *Arad-Ea* (Z. 225 ff.), eine am Ufer . . . . (leider ist die Stelle nur verstümmelt erhalten) liegende Fähre zu besteigen:

amêlu. ša tallika pânâsu iktasû malû[1]) *pagaršu*
maškû[2]) *uḳtattû dumuḳ šêrêšu*
liḳîšûma Arad-Ea ana namsê bilšûma
malêšu ina mê kîma êlli[3]) *limsî*
liddî maškêšûma lîbil tâmtum ṭâbu lu ṣa-pu[3]) *zumuršu*

„Der Mann, dem du vorangegangen, ist an seinem Leibe mit Beulen bedeckt,
Aussatzhäute haben vernichtet die Anmut seines Leibes.
Nimm ihn, *Arad-Ea*, nach dem Reinigungsort[4]) bringe ihn,
seine Eiterbeulen möge er im Wasser rein waschen wie Schnee,
er thue ab seine Häute und das Meer führe sie fort — gesund werde erschaut sein Leib." ?[5])

---

1) Für *malû* fordert die Parallele *maškû* eine Bedeutung wie „Eiterblasen" (*malû*, „voll sein") od. dgl. Dass letzteres wirklich „Häute", also „Aussatz" bedeutet, beweist Z. 238 (vgl. Z. 231).

2) S. jetzt JENSEN, *Zeitschr. f. Assyr.* II, S. 249, 251.

3) Vgl. II R 35, 28 ef: *ṣuppû* = *dagâlû* (sic!); Mittheilung des Herrn Prof. DELITZSCH.

4) Assyr. *namsû*, „Waschungsort".

5) Die folgenden Zeilen beziehen sich auf die Kleidungsstücke, die dem Helden „erneuert" werden sollen zum Zwecke seiner Heimkehr.

Den Erfolg der Reinigung am Waschungsort erzählt Z. 237 f.:

malêšu ina mê kîma êlli imsi
iddî maškêšûma ûbil tâmtum ṭâbu iṣṣapî zumuršu,

„Seine Beulen wusch er im Wasser rein wie Schnee,
seinen Aussatz that er ab, das Meer trug ihn fort, gesund ward erschaut sein Leib.“[1])

Dieses Lebenswasser in den Gefilden der Seligen „an der Mündung der Ströme“ spielt nicht allein im Nimrod-Epos eine Rolle, sondern gilt als Zauber- und Heilmittel bei vielen Beschwörungen der babylonisch-assyrischen Priester. In einer dramatisch gestalteten Beschwörungsformel heisst es, Ea habe seinem Sohne Marduk zur Heilung eines von der „Kopfkrankheit“ Heimgesuchten folgenden Rat erteilt (IV R 22, 8 ff. b):

alik mârî ilu Marduk
. . . . . . *ẹṣ kip-pa-ti liḳîma*
ina pî nârâtê kilallê[2]) *mê liḳêma*
ana mê šunûti šipatka êlliti idîma
ina têka êlli ullilma[3])
ina mê šûatu amêlu apil ilišu suluḫma,

„Geh', mein Sohn Marduk, nimm . . . . . eines *kippatu*,
an der Mündung der Ströme *kilallê* Wasser hole,
in dieses Wasser thue deine reine Besprechung und
reinige mit deiner reinen Besprechung,
mit selbigen Wasser besprenge den Menschen, das Kind seines Gottes“.

Hierher gehört auch der Anfang einer andern Beschwörung, die leider an der für uns wichtigsten Stelle

---

1) Vgl. 1 Reg. 5, 10 ff. ANTONIO GUBERNATIS, *Rivista europea* 1. März 1873 erinnert an die vedische Indramythe und die hellenische Mythe von Tithon, vgl. LENORMANT, *die Anfänge der Kultur* S. 54.

2) „Mass“ (?) oder Adjectiv zu *mê?*

3) Diese Zeile fehlt in HOMMEL's Uebersetzung der Stelle: *Semiten* S. 296. Beachte die Parallele *šiptu* und *tû*.

abgebrochen ist (IV R 14, Nro. 2, Obv. 1 ff., s. Haupt, ASKT S. 77 f. und vgl. Bezold, *Litteratur* S. 191 Anm. 3):

mê êllûti [ ]
mê Purâti ša ina ašri[1]) *[ ]*
mû ša ina apsî kênis kunnû
pû êllu ša ilu Ea ullilšunûti
mârâni apšî sibittišunu
mê ullilû mê ubbibû mê unammirû,

„Reine Wasser [ ],
Wasser des Euphrat, das am Orte [ ],
Wasser, das im Ocean ewig geborgen ist (?),
der reine Mund Ea's hat sie gereinigt;
die Söhne der Wassertiefe, die sieben,
haben das Wasser rein, das Wasser klar, das Wasser glänzend gemacht."

Vgl. endlich hierzu IV R 3, 15 f. b u. ä. St., den *ašar têlilti* („Reinigungsort") IV R 25, 38 f. (s. Kap. V), vor allem aber den Lebensquell in der Unterwelt, den die *Anunnaki*, die sieben Dämonen der Unterwelt, neidisch bewachen (Istar's Höllenfahrt Rev., S. 20 f.).[2])

B. Als Nimrod in Begleitung des Schiffers von dem Reinigungsorte zurückgekehrt war, vom Aussatz geheilt, sprach das Weib des *Pir-napištim* zu ihrem Gemahl (Sintfl. Z. 245 f.):

Namrûdu illika inâḫa iḳadâ[3])
minâ taddanâma itâr ana mâtišu,

„Nimrod ist gekommen, beruhigt, genesen (?),
was willst du geben, dass er zurückkehre in sein Land?"

---

1) Nach dem erhaltenen Ideogramm scheint der fehlende Zeilenrest die Himmelsrichtung anzugeben, in der jener Ort lag.

2) Das Ganze erinnert an die Quelle كافور und سلسبيل im Paradies des Islam (vgl. Koran, Sure 76 u. ö.); vgl. auch S. 89 Anm. 1.

3) Vgl. Z. 250: *ta-ḳad-da*; קדה (קוד) oder קטה (קוט)?

Hierauf eröffnet *Pir-napištim* dem Helden, der näher an das Ufer herangerudert war, „das Geheimnis und Geheiss der Götter" und zeigt ihm eine Pflanze, die anscheinend auf hohen Bäumen oder Felsvorsprüngen auf der Insel sich fand.[1]) Um sie zu erlangen, muss Nimrod durch Aufschichten von Steinblöcken (*abnê kabtûti*) seinen Standort erhöhen. Der Name der Pflanze kennzeichnet ihre zauberische Kraft. Sie heisst: *šîbu-iṣṣaḫir*[2])*-amêlu*, „(schon) ein Greis, ward der Mensch verjüngt" (Z. 267).[3]) Deshalb ruft Nimrod erfreut aus (Z. 268), dass er in ihrem Besitze zurückkehren wolle zu dem (d. i. zur Kraft) seiner Jugend (*lûtûr ana ša ṣiḫrijâma*). — Kein Wunder, dass nach dieser Götterpflanze auch die Dämonen der Unterwelt sehnsüchtig trachten. Als Nimrod mit *Arad-Ea* auf der Rückreise war[4]), raubte ein „Erdlöwe" (Z. 277 *nêšu ša ḳaḳḳari*[5]); der eigentliche Name Z. 272 ist abgebrochen) auf einem Halteplatz, auf dem sie nach vierstündiger Fahrt ruhten, dem Helden die Pflanze und nahm sie mit sich in die Tiefe.[6])

---

1) Gelegentlich sei hier auf jene Stelle des Pyramidentextes zu *Saqqarah* hingewiesen, auf die zuerst GOLÉNISCHEFF aufmerksam machte und die nach Dr. A. LINCKE's Angabe (vgl. *Skizze der ägyptischen Litteratur* S. 33) lautet: „Es giebt eine grosse Insel im Herzen der Felder des Friedens; die erhabenen Götter . . . . . wohnen auf ihr, sie gewähren dem Pharao jenen Baum des Lebens, von welchem sie leben, damit er auch von ihm lebe!" Gleichzeitig sei an dieser Stelle bemerkt, dass Herr Dr. LINCKE die Absicht hat, in einer der nächsten Nummern der *Zeitschrift für Assyriologie* eine Reihe von ägyptischen Parallelen zu den hier besprochenen assyrisch-babylonischen Vorstellungen vom Leben nach dem Tode aufzuweisen.

2) Präteritum der Erfahrung?

3) Z. 199 ff. zeigt, dass man auch noch andere Wunderkräuter auf der Seligeninsel sich dachte. Ein Seitenstück übrigens zu der besprochenen Pflanze ist die zoroastrische Pflanze *Hom*, die ebenfalls Leben geben und vor dem Tode bewahren kann.

4) Der Rückweg ist offenbar kürzer und ungefährlicher, als der Hinweg. Leider ist auch diese Stelle nur fragmentarisch erhalten.

5) Oder liegt betreffs  eine der bekannten Ideogrammverwechslungen vor und das Ganze bedeutet „Erdgeist"?

6) Dieser Zug findet sich in allen entsprechenden Sagen der Semiten

Zusatz. Ausser den beiden geschilderten Zügen erfahren wir im Nimrod-Epos wenig über die Beschaffenheit der Seligengefilde.[1]) Ueber die Fragmente der XII. Tafel s. Kap. V. Der Hymnus auf das Schicksal der ehrlich gefallenen Helden, der sich dort findet, ward S. 56 in Transscription und Uebersetzung mitgeteilt.

Das viel gemissbrauchte Fragment III R 66, Rev. col. III besagt nichts vom Zustand der Seligen. SCHRADER (*Istar's Höllenfahrt*, S. 71 ff.) giebt zu, dass in dem Gebet nur für die irdische Wohlfahrt des Königs gebetet wird. Die Wiedergaben seiner Uebersetzung in populär gehaltenen Werken (MÜRDTER, *Geschichte Babyloniens und Assyriens* S. 37, KAULEN, *Assyrien und Babylonien* S. 149 u. A.) beziehen es auf den Zustand der Seligen und BOSCAWEN (*Transact. of the Soc. of Bibl. Arch.* IV, S. 267 ff) zieht daraus die weitgehendsten Konsequenzen für die babylonisch-assyrische Anschauung vom Elysium. Auch ich vermag Z. 27 (vgl. DELITZSCH zu MÜRDTER l. c. S. 277) nichts vom „Silberhimmel" zu entdecken. Ebensowenig gehört hierher IV R 13, Nro. 2[2]) (gegen HALÉVY, *l'immortalité de l'âme*, u. A.), wo es sich vielmehr um einen Priesterspruch handelt, gesprochen bei der gelegentlich eines Rechtsspruches des Königs veranstalteten Göttermahlzeit (vgl. nur Z. 53: *ilâni talimûka*, wo *ka* aus sachlichen Gründen sich nimmer auf den König beziehen kann).

3. Die Bewohner der Seligengefilde.

Wie wir sahen, ward nach der babylonisch-assyrischen Volksvorstellung das Glück, in den Gefilden der Seligen wohnen zu dürfen, vor allem dem Helden zu teil, der nach

---

und Indogermanen: hat der Held die Wunderpflanze glücklich gefunden, so wird sie ihm schliesslich durch Zufall oder Gewalt wieder entrissen.

1) Z. 155 schwört *Pir-napištim* bei dem Krystallschmuck, den er am Halse trägt, er wolle jene Sintfluttage nimmer vergessen — falls die Worte dieser Stelle nicht schon zu Istars Rede gehören.

2) Eine Uebersetzung bietet auch HOMMEL, *Semiten* S. 414.

uralter Menschheitserinnerung die Zeit der Sintflut, die alles Lebende zur Unterwelt raffte, mit den Seinen überleben durfte. Desshalb lässt das Nimrod-Epos die „Geschichte seiner Errettung“ mit den Worten schliessen:

êninnáma milikšu milku êlâma ilu Bêl ana libbi êlippi
iṣbat ḳatîjâma ultêlâni jâši
uštêlî uštakmis zinništî ina idîja
ilput pûdnima izzaz ina birîni ikarabannâši
ina pâna Pir-napištim amêlûtûma
êninnáma Pir-napištim u zinništišu lû êmû kîma[1]) *ilâni na-ši-ma*
lû ašibma Pir-napištim ina rûḳi[2]) *ina pî nârâtê*[3])
ilḳû'innîma ina rûḳi ina pî nârâtê uštêšibû'inni,

„Nunmehr, da Bel seinen Entschluss gefasst, kam er herauf ins Schiff,
Fasste meine Hand, führte mich herauf, heraus, scil. aus dem Schiff,
führte herauf mein Weib, liess sie niederknieen an meiner Seite,
umfasste unsre Seite, zwischen uns tretend, um uns zu sagen:
„ „Vorher war *Pir-napištim* menschlicher Natur,
nunmehr sollen *Pir-napištim* und sein Weib gleichen den Göttern . . . .,
es wohne *Pir-napištim* in der Ferne an der Mündung der Ströme!“ “

Von andern Bewohnern der Seligengefilde erfahren wir im Nimrod-Epos, soweit aus den erhaltenen Fragmenten ersichtlich ist, nichts. Freilich ist man von vornherein geneigt anzunehmen, dass die Volksvorstellung,

---

1) Zur Konstruktion von *êmû* „gleich sein“ mit *kîma* und *ki* vgl. die Construction von משׁל Hitpa. Job. 30, 19.

2) Vgl. Homer Od. IV, 563. Obiger Zusatz ist dann beständiges Epitheton für *Pirnapištim* geworden, vgl. Sintfl. Z. 194.

3) Vgl. IV R 22, 11 b (S. 91).

die im Volksepos den Urahnen der nachflutlichen Menschheit einen Sitz im „Gefilde der Seligen“ anweist, diesen Ort überhaupt als Wohnplatz der Bevorzugten, etwa der Helden und Priester, sich denkt. Ist doch auch das Elysium der Griechen ein Heldensitz (Od. 4, 561 ff.). Dafür schien mir bisher in dem S. 76 f. Anm. 2 besprochenen Fragment HAUPT, *Nimrod* S. 17—19, und zwar dort S. 19, Z. 41 ff. (vgl. 17, Z. 41 ff.) der direkte Beweis vorzuliegen. Dort heisst es in direkter Fortsetzung der S. 77 transscribirten Hadesschilderung:

[. . . . bîti ib]rî (oder *]-ri) ša êrubu anâku*
[ ] kummusu[1]) *agû*
[ašbû nâ]šût agê ša ultu ûmê pâni ibêlû mâtam
[ ] Anûm u Bêl ištakanû šumê šêri[2])
ê[3])*-pa-a ištakanû kaṣûtê*[4]) (var. *kaṣâtê) ištakkû*[5]) *mê na'dâtê*[6])
i-]na bîti ibrî ša êrubu anâku
aš-]bu ênu[7]) *u lagaru*[8])

---

1) Vgl. II R 35, 18 ef. *kummusu* = *rašbu?*

2) HALÉVY, *l'immortalité de l'âme* übersetzt: *les noms et la mémoire*, unter Vergleichung von Jes. 14, 22 שֵׁם וּשְׁאָר בָּרַת

3) So zu ergänzen im Vergleich mit Sintfl. 200 ff.: *e-pi-i, e-pi*. Hier wie dort nach dem Zusammenhang abzuleiten von אפה, „kochen, backen“, wovon V R 52, 53 das Nifal vorliegt: *ul in-ni-pi*.

4) Ist *kaṣu*, „ekelhaft“ (קוץ od. קצה; vgl. hebr. קוץ) Sanh. III, 80: *mê su-na-a-di ka-ṣu-ti*, Sintfl. 270: *îmurma bûra Namrûdu ša kaṣû mêšâ* zu vergleichen? - SAYCE's Aufstellung: *kaṣûtê* = רְפָאִים (*Zeitschr. f. Assyr.* 1887, 1), die mir nachträglich zu Gesicht kommt, scheint mir unerweisbar.

5) S. 17 bietet Var. *ittakû*.

6) HALÉVY l. c. übersetzt die Zeile: *Là aussi ont été affermis (!) les fondements (de la terre) (!), là confluent (!) les eaux puissants (!).*

7) *ênu*, eig. „Herr“. Nach IV R 11, 35/36 a vgl. K 5208 (ASKT 220), wo *pašišu* und *kalû* vorausgeht, ein Priestername: *ênûšu ina gipari* (Id. 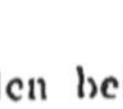) *ittaṣî ina tânihi*, „sein Priester ging hinaus in die Finsternis unter Seufzen“ (vgl. ZIMMERN l. c. S. 28, Anm. 2).

8) *lagaru* ebenfalls ein Priestername, syn. von *kalû* (Belegstellen bei ZIMMERN, l. c.), eig. „der Angesehene, Erhabene“, entsprechend etwa unserem „Hochwürden“. Etymologie von *lagaru* ist mir unbekannt.

aš-]bu êšipu[1]) *u amêlu maḫḫû*[2])
aš-]bu ME-ZU-AB-MEŠ[3]) *ša ilâni rabûti*
a-]šib Êtana ašib ilu [4]),

„[ ] dem Hause, mein Freund, das ich betreten,
[ ] gewaltiger (?) Krone,

---

1) *êšipu* (bezw. *êšêpû*), nicht *êšibbu*, „Fürst, König" (angeblich sumer. Lehnwort, s. LOTZ, *Tigl. Pil.* S. 103; *Zeitschr. f. Keilschriftf.* I, S. 213), ist nach V R 23, Nro. 2 Nebenform für *âšipu* und bedeutet „Beschwörer", bez. allgemein „Priester" (hebr. אשף), vgl. auch V R 21, 28 b (*êš-šê-pu-u*); S^c 4, 1. 8 (V R 23, Nro. 2) u. ö. I R 9, 31 nennt sich Tiglatpileser: *êšipu nâdu*, d. i. „erhabener Priester"; denn in Assyrien war der König zugleich oberster Priester; vgl. auch Asurb. VII, 94, wo der König , d. i. *šangû êllu*, genannt wird. II R 33, 31 ef vgl. V R 30, 5 a b wird der König, sofern er *êšêpû* ist, mit dem heiligen Zahlenideogramm bezeichnet. II R 51, Nro. 2, 49 f. Rev. nennt den *êšêpu ša êkimmu*, den „Beschwörer des Totengeistes" (vgl. S. 53, Anm. 5. S. 102). V R 51, 72 b u. ö.: *êšipûtu*.

2) *maḫḫû (mâḫû)* vom Stamm מח, wie *kalû* (vergl. ZIMMERN l. c.) von כל, „erhaben, angesehen" (beide Wörter gut semitisch!). Die Ableitung des hebr. מג von *maḫḫû* (DELITZSCH, *Hebr. Lang.* p. 13 f.; vgl. Jer. 39, 3. 13. Diog. Laert. 8, 3) ist zweifelhaft (s. jetzt DELITZSCH, *Prolegomena* S. 138, Anm. 1). II R 51, Nro. 2, Obv. 49 f. identificiert den *maḫḫû* mit dem „Totenbeschwörer" (vgl. Anm. 1).

3)  = *pâšišu*, eigentlich „Salber" (s. hierzu ZIMMERN, l. c.), ein Priestername. V R 13, 1 a b nennt den *kisalluḫû* (= *pâšišu kisalli*; zu  = *pâšišu* s. II R 25, 31 e f vgl. AL³, S. 134 Z. 19), d. i. „der mit dem Salben des Tempelfussbodens Betraute". (Die sacramentale Bedeutung des Steinsalbens bei den Semiten ist bekannt, vgl. Gen. 28, 18. 35, 14, für das Assyrische vgl. Sanh. 6, 69. V R 62, Nro. I, 25. 64, col. II, 5 f.; col. III, 9. 46. 70, 21 f.). Eine ähnliche Zusammensetzung scheint hier vorzuliegen; denn nach II R 55, 56 c scheint  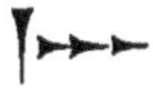 ein Begriff zu sein.  ist dann vielleicht wörtlich als „Haus der Weisheit" = „Tempel" zu verstehen. SMITH und LENORMANT übersetzen die Zeile: „die Ungeheuer des Abgrunds der grossen Götter" (!), HALÉVY l. c.: *les gardiens de l'abîme*.

4) Vgl. *Nimr. Ep.* S. 8, 38; ASKT 105, Rev. 10:  des Sonnengottes Sohn, der Allhirte.

[wohnen] die Kronenträger, die vor alters das Land beherrschten,
[denen] Anu und Bel Namen . . . . . . machten,
. . . . und ausgiessen Wasser . . . . . .;
in dem Hause, mein Freund, das ich betreten,
wohnen Priesterherr und Ehrwürden,
wohnen Beschwörer und Magier,
wohnen die Tempel(?)-Salber der grossen Götter,
wohnt *Etana*, wohnt der Gott *NER*."

Anfänglich glaubte ich (s. S. 76 f. Anm. 2), der Sprechende rede hier von den Genossen des seligen Lebens, in das er entrückt werden soll, nachdem er dem Hades, dessen Schrecken er bis Z. 35 geschildert hat, glücklich entronnen ist. Das Präteritum *êrubu* macht das unmöglich; ebenso der Inhalt der folgenden Zeilen l. c. S. 19, Z. 46 ff. (eine Stelle, die allerdings S. 17 fehlt), wo es heisst: „Dort wohnt (? ?) die Königin der Unterwelt (zu *irṣitim* s. S. 63, 7) Allatu, ... die Göttin . . . . . ., die Schreiberin der Unterwelt vor ihr gebeugt, ..., da erhob sie ihr Haupt, ward meiner gewahr, etc." Die Stelle gehört dann nicht hierher, sondern bietet wertvolle Erweiterungen für Kap. III. Das Ganze würde an die im alttestamentlichen Anhange besprochenen Hadesbilder bei Jesaias und Ezechiel erinnern, in denen die Könige und Grossen der Erde ebenfalls das trostlose Schicksal der gewöhnlichen Sterblichen in der Unterwelt teilen müssen.

Dass übrigens die Helden des Volkes ein bevorzugtes Geschick nach dem Tode erhofften, zeigen die Worte Tiglatpileser's, der im Eingange seiner achtseitigen Prisma-Inschrift sagt, dass die grossen Götter das Loos seiner Herrschaft zur Macht und *zir-rit-ti-šu ana manzaz Êḫarsag-kurkura ana dârêš*, „sein Geschlecht (?) zum Wohnsitz auf dem Götterberg auf ewig" berufen hätten. Das Wohnen auf dem Götterberge wäre dann identisch gedacht mit dem Leben im Gefilde der Seligen, wie ja auch (so scheint es wenigstens nach Sintfl. Z. 7) *Pir-napištim* gedacht ist als wohnend *ina puḫur ilâni*, „in der Versammlung der Götter" — ein ähnliches Wechselverhältnis wie zwischen Olymp und Elysium in der griechischen Sage.[1])

---

1) Wenn BOSCAWEN, *Transact. of the Soc. of Bibl. Arch.* IV, 136 Stellen wie V R 33, col. VII hierher zieht, so fusst er auf falscher Lesung und irriger Uebersetzung. Dort heisst es: Anu und Anatu im Himmel (= die im Himmel wohnen; vgl. S. 60) mögen ihn segnen, Bel und Beltis auf dem Ekur (s. S. 59) mögen ein Loos des Lebens ihm bestimmen, Ea und Damkina, die im Ocean wohnen (s. S. 74), mögen ein Leben langer Tage ihm geben". (Zu dem dreifachen Götterwohnsitz vergleiche das dreifache Götzendienst-Verbot Ex. 20, 4!). Auch die bei KAULEN, *Babylonien und Assyrien*, u. A. hierfür angeführten Stellen sind mit Unrecht herangezogen. IV R 4, col. III, 1 ff. vgl. Z. 40 ff. z. B. heisst es: „Gleich einem Vogel möge sie (nämlich die Kopfkrankheit, wie IV R 3, col. II, 69 lehrt) entkommen an einen weiten Ort, den Gnadenhänden seines Gottes sei er (der Kranke) befohlen" (vgl. IV R 8, 49 b). Der „weite Ort" hat also nichts mit dem Orte der Seligen zu thun.

KAPITEL V.

Möglichkeit einer Befreiung aus der Unterwelt.

Die „Quelle des Lebens" im Heiligtum der Unterwelt, die von den Höllengeistern neidisch bewacht wird, bildet den Keim für die Anschauung von der Möglichkeit einer Befreiung aus dem Lande der Toten. Als Istar mit dem Wasser jener Quelle besprengt ward, wurde sie trotz der Wut der Höllengöttin heil von den Krankheiten, mit denen der Diener der Allatu sie geschlagen, und erhält die Kraft, aus den sieben Thoren des Totenreiches herauszutreten und zurückzukehren in die Versammlung der Götter (Höll. Ist. Rev. 35 ff., S. 20 f.). Wie man deshalb den Lieblingsgemahl der Istar, Tammuz, preist als den „Hirten und Herrn, König der Unterwelt, König der (unterirdischen) Wohnung" (s. zu Höll. Ist. Rev. 47, S. 41), weil er alljährlich die Banden des Todes zersprengt, so klammerte sich auch an Istar als Hadesüberwinderin die Hoffnung einer Erlösung aus den Thoren der Scheôl. Darum weist der Magier, um einer Totenbeschwörung willen befragt, auf Istars Höllenfahrt und ihre Befreiung und giebt den Rat, mit dem Gebete zu ihr und mit einem Trankopfer für Tammuz die Beschwörung zu weihen (s. S. 4 ff.).

Vielleicht im Zusammenhange damit heisst Istar II R 66, Nro. 1, 8 (vgl. Asurn. I, 9): *ḳâʾišat balâṭi iltim rêmnîti ša sipûša ṭâbu*, „die Leben schenkt, die barmherzige Göttin, zu der es gut ist zu beten". Andern Göttern wird ausdrücklich die Macht zugeschrieben, Tote ins Leben zu rufen. So heisst Marduk IV R 19, 11 b: *bêlu rêmnû ša mîti bulluṭu irâmu*, „der Barmherzige, der Totenerweckung lieb hat"; vgl. V R 29, 18 a und 11 b[1]); ferner Weltschpfg. d) 18, Z. 16 vgl. Z. 12: *rêmênû ša bulluṭu bašû ittišu*, „der Barmherzige, bei welchem das Inslebenrufen ist", sowie die Epitheta in der zuletzt citierten Stelle: *ilu napišti êllitim*, „der Gott des reinen Lebens". IV R 19, 8 f. heisst die Göttin Gula: *bêltum muballiṭat mîti*, „die Herrin, die Totenerweckerin"; desgleichen Nebo V R 52, col. IV, 20 u. ö.: *murrik* (= *mu'arrik*) *ûmê muballiṭ mîtê*, „der die Lebenstage verlängert und die Toten erweckt".[2])

Wenn auch demgemäss der Betende einzelnen Göttern die Macht zusprach, die Toten dem Hades zu entreissen, so bedurfte es doch bei der Beschwörung selbst des Aufgebots sämmtlicher Götter Himmels und der Erde, die Macht der Höllengöttin zu brechen; ja, bei Istars Befreiung reicht selbst der Götter Macht nicht aus, sie mussten durch List die Göttin der Unterwelt zur Freigebung ihres Opfers bewegen (vgl. Höll. Ist. Rev. 1 ff.). Deshalb eilt Nimrod (Nimr. Ep. Taf. XII, vgl. S. 102 f.) von einem Tempel zum andern, um die Fürsprache der Götter für die Befreiung des Freundes zu erbitten.[3])

---

1) Auf Rev. ebendieser Tafel, Z. 36 ff., wird Marduk angeredet: *attâma lamâsu* (Id. AN-KAL), d. i. der schützende, segnende Dämon, vgl. meine Bemerkungen in *Zeitschr. f. Assyr.* 1886, I S. 46. II S. 206 ff.

2) Vgl. auch K 4378 col. V (AL³ S. 89), wo das *êlip Bêlit muballiṭat mîti*, d. i. „das Schiff der Göttin Gula, der Totenerweckerin" (s. V R 44, 9 c d) den Beinamen hat: „Schiff des Flusses Tilla und *êlip lêti rabîti* (zum Ideogr. vgl. II R 19, 67/68 b, wo das nämliche Ideogr. das Epitheton einer Waffe des Kriegsgottes Adar bildet: *lêti taḫâzi*), „Schiff der grossen Wildkuh".

3) Der Meister der Beschwörung ist Ea (vgl. V R 51, 72 b). Bei ihm holen die Götter sich Rat (Höll. Ist. Rev. 1 ff.), er ersinnt in seinem Herzen den listigen Plan. Darum sagt Adar in der Sintflutgeschichte zu Bel: *man nûma ša la ilu Êa amâtu ibba[naši] u ilu Êa idêma kâlu šipti*, „Wer ausser Ea kann dies (ersonnen haben)! Aber Ea kennt jegliche Beschwörung".

Die Ceremonie der Totenbeschwörung war — so scheint es — Sache einer bestimmten Priesterklasse, die II R 51, Nro. 3 durch *êšêpû ša êkimmu*, „der den Totengeist beschwört" (syn. *maḫḫû*) und durch *mušêlû êkimmu*, „der den Totengeist heraufführt" angedeutet wird (s. auch S. 53, Anm. 5)[1]. Die Ceremonie der Totenbeschwörung ist in den Schlusszeilen der Höll. Ist. bezeugt (vgl. zu Höll. Ist. Rev. 46 ff. S. 6 f.). Es scheint hiernach, als habe man sie in den Tagen des dahingesunkenen und zum Leben wieder erstandenen Gottes, des Tammuz, mit besonderer Vorliebe gefeiert.

Ein konkretes Beispiel der Befreiung aus dem „Lande ohne Heimkehr" bietet abgesehen von dem Schluss der Höll. Ist. das Nimrod-Epos auf seiner XII. Tafel.[2] Der Zusammenhang dieser mit der XI. Tafel ist mir unklar. Die XI. Tafel schliesst mit der glücklichen Rückkehr Nimrods nach Erech in Begleitung des Fährmannes der Seligengefilde. Die I. Col. der XII. Tafel beginnt nach dem unten angeführten kleinen Fragment unmittelbar mit der Toten-

1) Die Beschwörung der Toten geschah auch behufs Befragung der Geister über die Zukunft. Diese Art der Zauberkunst hiess *abûtu* (S^b 361). Das Ideogr.  (sonst = *šarru* V R 30, 11 a b. II R, 33, 27 e f) bedeutet deshalb mit dem Determinativ für Berufsnamen: *êlû* (II R 30, 12 gh), ein Priestername, der sich mit dem obenerwähnten *mušêlû êkimmu* zu decken scheint. Vielleicht könnte dieses Wort (vgl. hebr. אוֹב „Totengeist", אוֹבוֹת „Totenbeschwörer") ebenfalls für die Grundbedeutung des Stammes אבה „entscheiden" (*âbû* „Vater" als Entscheider), die FRIEDR. DELITZSCH, *Prolegomena* S. 110 ff. vorschlägt, in betracht kommen.

2) Leider ist diese Tafel nur in kleinen Bruchstücken erhalten (vgl. BOSCAWEN, *Transact. of the Soc. of Bibl. Arch.* IV 272 ff.; *Records of the Past* IX, 129 ff.). Es sind die Fragmente K 3774 Obv. (die Schlusszeilen von Col. I—III) und Rev. (die Anfangszeilen von Col. IV—VI); — K 3475 Obv. (ein Stück der oberen Hälfte von Col. I) und Rev. (ein Stück von Col. VI, enthaltend den Schluss der Tafel nebst Teilen der Unterschrift); zwei unnummerirte Fragmente, von denen das grössere ein Fragment zu Col. III mit Spuren von Col. II, das kleinere die Zeilenanfänge der I. Col. bietet. Herr Dr. CRAIG hatte im Sommer 1885 die Güte, die Fragmente für mich in London zu kopieren.

klage um Eabani. Diese füllt die ersten 3 Coll. der Tafel.[1]) Nimrod eilt von einem Tempel zum andern, er fleht zu Bel, Sin, Ea, Marduk, bis es ihm durch des Letzteren Vermittlung gelingt, die Seele Eabani's aus der Unterwelt zu befreien:

. . . . . . *irṣitim iptêma*
utukku[2]) (sic!) *ša Êabâni kî zaḳiḳu*[3]) *ultu irṣitim* [ ][4]),
„. . . . . . da öffnete sich die Erde,
der Geist Eabani's [stieg] gleich einem Hauch aus der Erde [empor]."

Col. IV enthält ein ekstatisches Gespräch zwischen Nimrod und dem emporgestiegenen Geiste seines Freundes, das mit den Worten beginnt: „Sage, mein Freund, sage, mein Freund, die Beschaffenheit (*urtim*) des Landes (*irṣitim* = Unterwelt, vgl. S. 68, Nro. 7), das du gesehen, sage." — Antwort: „Nicht kann ich dir sagen, mein Freund, nicht kann ich dir sagen, wenn ich die Beschaffenheit des Landes dir sage . . . . ich will sitzen und weinen u. s. w." Das Folgende ist bei dem verstümmelten Zustand der Zeilen unübersetzbar. Col. V fehlt bis auf die Reste der beiden Anfangszeilen gänzlich. Col. VI ist in ihren 12 Zeilen mehr oder weniger vollständig erhalten, dazu auch Teile der Unterschrift (K 3475 Rev.). Dieses letzte Stück hat mannigfache Erklärungen gefunden. SMITH hält die Episode für die Erzählung eines Heldenbegräbnisses, BOSCAWEN für die Schilderung der assyrisch-babylonischen Walhalla, anklingend an skandinavische und nordische Anschauungen, HALÉVY für ein Selbstgespräch Nimrods über die geheimnisvollen Dinge, die er in der Unterwelt (!)

---

1) Ein Stück davon ist S. 50 übersetzt und besprochen.

2) Vgl. S. 72.

3) Vgl. S. 72 (beachte auch Asurb. VI, 64: *ilânišu ištârâtišu amnâ ana zaḳiḳi*).

4) Prof. DELITZSCH's Abschrift, die übrigens *za-ki-ki* hat, zeigt noch Spuren von 2 Zeilen, in denen nur das Verbum *imtalliku* deutlich zu erkennen ist.

schauen wird, falls er hinabsteigt um seinen Freund Eabani zu besuchen. Dies alles sind unhaltbare Kombinationen. Wie aus dem S. 56 in Transscription und Uebersetzung wiedergegebenen Anfang der Col. ersichtlich ist, enthält dieselbe einen rythmischen Gesang, der mit den Begebenheiten des Epos nur indirekt in Zusammenhang steht: Wohl dem, der eines ehrlichen Heldentodes stirbt, wehe dem, dessen Leichnam hingeworfen ist ohne Grab. Die Tafel schliesst mit den l. c. übersetzten Worten, die refrainartig wiederholt werden: *ša šalamtašu ina ṣêri nadât êkimmašu ina irṣitim ul ṣalil* etc. (ohne das im Anfang der Col. von Zeit zu Zeit eingeschobene *tâmur âtamar*).

Zum Schluss sei die Frage aufgeworfen, ob Texte, wie IV R 25, auf Apotheosen zu beziehen sind. Dort heisst es in Col. IV:

mê êllûti kiribša ubla
 *ša ilu Anû*
ina ḳâtâšu êllêti ukannîka[1])
ilu Êa ana ašar têlilti itbalka
ana ašar têlilti itbalka
ina ḳâtâšu êllêti itbalka
ina dišpi ḫimêtu itbalka
mê šipti ana pîka iddî
pîka ina êšipûti iptî
kîma šamê lêlil kîma irṣitim lêbib kîma kirib šamê limmir[2]),

„Glänzende Wasser brachte er hinein;
der Gott, ..., der grosse . . . . . des Anu,
mit seinen reinen Händen . . . . . . dich;
Ea nahm dich an den Ort der Reinigung,
an den Ort der Reinigung nahm er dich,[2])

1) Der St. ist nicht כון (Inf. II, 1 *kunnu*), sondern כנה, bezw. קנה, Inf. *kunnû*; vgl. IV R 2, 19 c. II R 35, 45. 46 d. Bedeutung?

2) Diese Schlusszeile ist rein ideographisch geschrieben und bietet, wie IV R 14, Nro. 2, Rev. 26—28 zeigt, eine Wunschformel in abgekürzter

mit seinen reinen Händen nahm er dich,
zu Honig und Milch nahm er dich,
Wasser der Beschwörung that er dir in den Mund,
deinen Mund öffnete er mittels Beschwörungskunst:
„„wie der Himmel möge er hell sein, wie die Erde
möge er rein sein, wie die Mitte des Himmels
möge er glänzen.““

Form. Die Zeile beweist, dass die ganze Stelle nicht eine Schilderung des Zustandes der Seligen enthält, wie HALÉVY (der freilich den Schluss mit Stillschweigen übergeht) in seinem Aufsatz *l'immortalité de l'âme* annimmt, sondern dass der betr. Text eine, wie oft an einen vorausgeschickten Götterhymnus angeknüpfte, Beschwörung darstellt (Gegenstück zu den Beschwörungen, die an eine Legende oder Erzählung angeknüpft sind, vgl. S. 7, Anm. 3). Falls es sich aber wirklich um eine Beschwörung zum Zwecke einer Apotheose hier handelt — was soll die „böse Zunge“ am Schluss von Z. 51?

ANHANG.

Ausblick

auf die alttestamentlichen Vorstellungen vom Leben nach dem Tode.

Die für das alttestamentliche Studium so wichtigen Beziehungen des Volkes Israel zu den heidnischen Semiten waren bis vor wenigen Jahren ein fast gänzlich vernachlässigter Gegenstand der Untersuchung. Der Grund davon war einerseits die nur spärliche Kenntnis des semitischen Altertums, deren Mangelhaftigkeit durch eine endlose Menge haltloser Hypothesen ersetzt ward, bis die ausserordentlichen Funde im Euphrat- und Tigristhale dem Forscher eine feste Basis schafften, andererseits eine gewisse Scheu, die Offenbarungsurkunden des Alten Testamentes in Beziehung zu setzen zu dem religiösen Denken und Fühlen der heidnischen Stammesgenossen. Mit Recht sagt Baudissin im Vorwort zum 1. Bande seiner *Studien zur semitischen Religionsgeschichte*: „Immer mehr wird es durch die Ergebnisse der Assyriologie bestätigt, dass die israelitische Religion herausgewachsen ist, wenn auch in der Kraft eines neuen, ihr allein eigenen Princips, aus den gemeinsamen Anschauungen des Semitismus. Eine Hauptaufgabe der alttestamentlichen Theologie wird es in Zukunft sein, die Berührungspunkte und die Verschiedenheiten zwischen Israelitismus und Semitismus darzustellen und abzuwägen". Die enge Beziehung der semitischen Babylonier-Assyrer zu Israels Sprache, Sitte und Denkart ist in der That überraschend. Sie erstreckt sich nicht allein auf die Königszeit und das Exil, Perioden israelitischer Geschichte, in denen die Kultur Babyloniens unter den Juden eine Rolle spielte, wie etwa fränkische Sitte und Gewohnheit im vorigen Jahrhundert bei unserem Volke — die Hauptquelle der Beziehungen beider Völker zu einander ist in der gemeinsamen Abstammung zu suchen, welche durch die Gleichartigkeit kanaanäischer, hebräischer und babylonischer Sitte und Denkart nahe gelegt und durch die israelitische Ueberlieferung nur noch bestätigt wird.[1]) Der Teil des semitischen Volkes, in dessen Mitte das Heil vorbereitet werden sollte, zweigte sich nach Gottes Fügung, aber naturgemäss von seinem Stammvolk ab, in Abraham dem Babylonier ging die ganze Fülle ursemitischer Begabung in das neue Geschlecht über. Auf keinem Gebiete religiösen Denkens aber hat sich im Alten Testament die ursemitische Volkstümlichkeit so dauernd bewahrt, als in den Ideen von den Geschicken des Menschen nach dem Tode.[2])

---

1) Vgl. SCHRADER, KGF S. 94 ff. KAT² S. 129 ff. FRIEDR. DELITZSCH, *Prolegomena* S. 48 ff. Sowohl der jahvistische (Gen. 15, 7), als der elohistische (11, 28. 31) Erzähler verlegen den Ursprung des hebräischen Volkes nach Ur in Chaldäa, wohl sicher identisch mit der in den Ruinen von Mukajar wiedergefundenen Stadt *Uru* der Keilinschriften, vgl. DELITZSCH, *Paradies* S. 226 f. (über אֶרֶץ מוֹלַדְתּוֹ als allgemeinen Begriff für „seine Heimat" vgl. SCHRADER, KAT² S. 130 f. Anm.). Zu dieser Heimat Abrahams vgl. auch Josua 24, 2, wo unter den מעבר חנהר nicht Ur, sondern das transeuphratische Haran (חָרָן) zu verstehen ist, ferner Jes. 51, 2. Neh. 9, 7. Wie könnte das israelitische Volk selbst in der Zeit der Bedrückung durch Assur seine Abstammung von diesem Volke festgehalten haben, wenn nicht historischer Grund vorläge? Ueber das Verhältnis von Ur und Haran s. jetzt auch HOMMEL, *Geschichte Babyloniens-Assyriens* S. 213—215. Der von demselben Gelehrten in Aussicht gestellte Nachweis des babylonischen Ursprungs Israels durch zusammenhängende Schilderung der ältesten hebräischen Traditionen (*Semiten* S. 350 Anm.) steht leider noch aus.

2) REUSS, *Geschichte des A. T.* S. 59 nennt die Vorstellung von der leid- und freudlosen Scheôl dasjenige Element des Glaubens der jüdischen Religion, das um so sicherer in die Urzeit hineingetragen werden dürfe, als es das tausendjährige Erbteil des Volkes geblieben sei. — SCHULTZ, *Altt. Theologie* S. 397 sagt: „Die Anschauung des Mosaismus vom Zustande nach dem Tode ist offenbar durchaus nicht eine alttestamentliche religiöse Lehre. Es ist volkstümliche Voraussetzung und hat alle Unbestimmtheit, Bildlichkeit und Sinnlichkeit einer solchen." BAUMGARTEN-CRUSIUS: „Sie ist ein nebelhaftes, schwankendes Bild, nicht eine bestimmte Lehre."

Kein Wunder, denn gerade dieses Gebiet ward von den Konsequenzen der Offenbarungsreligion am wenigsten berührt, da sie auf diesem Gebiete erst in Jahrhunderte langem Process die allmählige Loslösung von dem Anschauungskreise des ursemitischen Volkstums bewirkte. Das Jenseits blieb bis dahin verschleiert. Die Vergeltung[1]) des Guten besteht nach alttestamentlicher Vorstellung in Gesundheit[2]), gesegnetem[3]) und langem Leben[4]), dauernder Nachkommenschaft[5]), und die Vergeltung des Bösen in Unglück, Krankheit[6]), jähem Tod und Ausrottung seines Samens.[7]) Das Jenseits blieb ausser Betracht. Hier hatte die Volksvorstellung der alten Heimat freien Spielraum. Darum darf es nicht Wunder nehmen, wenn wir auf diesem Gebiete israelitischer Religion überraschende Parallelen finden mit den Religionsvorstellungen ihrer Stammväter, der Babylonier. Freilich ist nicht zu vergessen, dass es sich bei Vergleichung der Beziehungen beider Völker in diesem Punkte um religiöse Vorstellungen handelt, die zwar aus einer Wurzel hervorgegangen sind, aber bei dem einen Volke auf dem Wege natürlicher Reflexion, bei dem anderen unter höherem Einflusse sich fortgebildet haben, so dass bei letzterem das Volkstümliche der Anschauung oft nur den dunklen Hintergrund bildet, auf dem Dichtung und Weissagung der heiligen Schriftsteller die lichteren Farben der göttlichen Offenbarungsgedanken auftrugen, bis die Schranken volksgesetzlicher Erkenntnis, die über

---

1) Die alttestamentliche Vergeltungslehre stimmt überein mit der assyrisch-babylonischen Anschauung vom Glück des Frommen und von der Strafe des Frevlers, wie sie S. 46 f. dargestellt wurde.

2) Jes. 33, 24. Ps. 103, 3.

3) Jes. 1, 19. Lev. 26, 3 f. Deut. 28, 1 ff. Schluss des Buches Hiob. Prov. 2, 21. 3, 2. 9 f. 16. 21.

4) Gen. 15, 15. 25, 7. 35, 28. 47, 28. 50, 26 und vgl. Prov. 10, 27 mit Ex. 20, 12. 1 Reg. 3, 14. Prov. 3, 2. 16.

5) Jes. 14, 20 u. ö.

6) Deut. 28, 16 ff.

7) Jes. 14, 20. Prov. 2, 22.

den Tod nicht hinausragten, durchbrochen wurden, indem die Prophetie die neutestamentliche Enthüllung des Jenseits anzubahnen und, wie bei den Griechen von den Eleusinien gesagt ward, *ἡδυστέρας ἐλπίδας* darzureichen begann. Darum möchte ich die alttestamentlichen Vorstellungen vom Leben nach dem Tode in die drei Abschnitte scheiden:

I. Volksvorstellungen in ihrer Ursprünglichkeit.
II. Volksvorstellungen in bundesmässiger Beschränkung.
III. Prophetische Ausschau.

I.

Volksvorstellungen in ihrer Ursprünglichkeit.

Der Hauptname für die Unterwelt der Hebräer ist *Scheôl* (שְׁאוֹל)[1]). Das assyrische Aequivalent dieses Namens, *šu'âlu*[2]), bedeutet „Ort der Entscheidung“, im biblischen Sprachbewusstsein hat sich der Begriff zum „Ort der Einderung“ (vgl. Hab. 2, 5 Prov. 30, 15 f. Cant. 8, 6) abgeschwächt, weil dem Hebräer die Scheôl nicht eigentlich der Ort ist, wo sich das Schicksal des Menschen entscheidet, wohl aber der Ort, welcher alles Oberirdische einfordert.[3]) Die Vorstellung von der Scheôl bilden die Hebräer, wie die Babylonier-Assyrer, nach der Gestalt und Beschaffenheit des Grabes. Die Leichname wurden in Höhlen — natürlichen oder künstlichen — verwahrt, darum galt den Hebräern auch die Stätte der Toten als

1) Kommt schon in den ältesten Denkmälern des A. T. vor, vergl. Ps. 18, 6. Das Wort ist nach Jes. 5, 14 u. a. St. Femininum!

2) Die Zusammenstellung von *šu'âlu* mit hebr. שְׁאוֹל (vgl. z. B. *tu'âmu*, תְּאוֹם, einer der gewöhnlichsten Vokalübergänge) wird von SCHRADER in seiner Recension von DELITZSCH's *Prolegomena* (*Zeitschr. f. Assyr.* 1886) seltsamerweise noch immer bezweifelt.

3) Vgl. FRZ. DELITZSCH, *Hiob*, zu 7, 7 ff.

eine Höhle oder Grube (בּוֹר bez. שַׁחַת)[1]), die sie in die Tiefe des Erdinnern[2]) verlegten, von den Fluten des Ocean bedeckt?[3])

In den Tiefen der Erde gelegen, vgl. Jes. 7, 11, wird diese Höhle von keinem Sonnenstrahl getroffen; sie gleicht deshalb einem unermesslichen Abgrund[4]), der in tiefe, ewige Finsternis gehüllt ist[5]), so dass Hiob (10, 21 f.) von der Unterwelt sagt:

„Das Land der Finsternis und des Todesschattens,
das Land in Dunkelheit gleich Finsternis,
des Todesschattens ohne Ordnung,
wenn es da aufleuchtet — wie Finsternis ist es".

In diesem Lande herrscht ewiges Schweigen[6]) und es ist angefüllt mit Staub.[7]) Wer in sein Bereich eintreten will, muss die Thore[8]) durchschreiten, die dem unberufenen Eindringling durch feste Riegel versperrt sind[9]), weshalb von בַּדֵּי־שְׁאוֹל, שַׁעֲרֵי־צַלְמָוֶת, שַׁעֲרֵי־מָוֶת geredet werden kann. So gleicht die Scheôl einem „ewigen Hause" (בֵּית עֹלָם)[10]) gemäss ihrer Bestimmung, in alle Ewigkeit[11]) das

1) Zu שַׁחַת eig. „Senkung" vgl. DELITZSCH, *Prolegomena* S. 118 f.

2) Vgl. Num. 16, 30. Ps. 88, 7. Jes. 44, 23: אֶרֶץ תַּחְתִּיּוֹת. Die assyrische Anschauung, dass der Hades in den Tiefen des *Arâlû* verborgen sei, blickt Jona 2, 7 durch.

3) Ps. 63, 10. Hi. 26, 5 f.; vgl. den Beinamen S. 67, Z. 40.

4) Ps. 88, 7.

5) Ps. 49, 20. 88, 13. 143, 3. Hi. 17, 13 f. Threni 3, 6 (vgl. auch Apok. 20, 13). Deshalb von den Griechen Ἅιδης genannt; vgl. die assyrischen Epitheta, welche die Unterwelt als „Ort der Finsternis" bezeichnen, S. 65, Nr. 11. S. 64, Nr. 9.

6) Hi. 3, 17.

7) Hi. 7, 21. 17, 16; vgl. Höll. Ist. Obv. 11.

8) Hi. 38, 17. Jes. 38, 10; vgl. S. 75.

9) Jona 2, 7; vgl. Höll. Ist. Obv. 11. 17 S. 10 f.

10) Koh. 12, 5; vgl. den assyr. *êkal kêttu*, den „ewigen Palast", Höll. Ist. Rev. 31.

11) Jona 2, 7. Jer. 51, 39.

„Versammlungshaus aller Lebendigen“ (בֵּית מוֹעֵד לְכָל־חָי[1]) zu sein. Kein Lebender kennt den Weg, der dahin führt[2]), aber die Toten zieht sie hinab mit unbezwinglicher Hand[3]), mit einer Allgewalt, die nur dem Eifern der Liebe vergleichbar erscheint[4]), und niemanden lässt sie zurück:

„Es schwindet die Wolke und führet dahin,
Also wer hinabsinkt in die Scheôl, steigt nimmer herauf,
nicht kehrt er zurück in sein Haus,
nicht kennt ihn mehr sein Ort.“[5])

In ihrer Unersättlichkeit ist sie als Ungetüm personificiert mit einem gierigen Schlunde und einem Rachen, aufgesperrt ohne Grenze, da „hinunterfährt ihre (Jerusalems) Pracht, Gelärm und Getös und die Frohlockenden in ihr.“[6])

Dass die hebräische Volksvorstellung die Scheôl in Abteilungen getrennt denkt, lässt sich nicht beweisen[7]), wohl aber unterscheidet sie für die Verworfensten eine „äusserste Gruft“[8]), auch die „Steine der Gruft“[9]) ge-

---

1) Hi. 30, 23. Ps. 89, 49. Jos. 23, 14. 1 Reg. 2, 2. Vom Toten heisst es: הָלַךְ בְּדֶרֶךְ כָּל־הָאָרֶץ. Vgl. hierzu die babyl.-assyr. Hadesnamen S. 61 f., Nr. 1—3.

2) Hi. 38, 17. 19. ff.; vgl. Nimr. Ep. 67, 24, S. 75.

3) יַד־שְׁאוֹל Hos. 13, 14 wesenhaft gedacht, wie Jes. 5, 14. 14, 9 die Scheôl selbst.

4) Cant. 8, 6.

5) Hi. 7, 6 f. vgl. 10, 21. 14, 11 f. 16, 22. Ps. 63, 6. Vgl. hierzu Höll. Ist. Obv. 1 ff. S. 10 f.

6) Jes. 5, 14, vgl. Prov. 30, 16 vgl. 1, 12. Derselbe Zug in der talmudischen Anschauung, vgl. Wünsche, „*Der Zustand nach dem Tode in den Apokryphen, Talmud etc.*“, *Jahrb. f. prot. Theol.* VI. S. 497 f.

7) Prov. 7, 27: חַדְרֵי־מָוֶת. Dieser Ausdruck ist wohl von der Gestalt der Gräberstätten hergenommen.

8) Jes. 14, 15. Ez. 32, 23 (vgl. die assyr. Vorstellung S. 76); Ewald, *Propheten* II, S. 834: „Der Assyrer sinkt am tiefsten in der Hölle, weil er am schuldigsten ist“.

9) Jes. 14, 19.

nannt, einen Ort, dessen Bewohner „auf Gewürm gebettet sind, die Maden haben zu ihrer Decke“[1]). Bei Jesaias und Ezechiel erscheint dieser abgesonderte Ort speciell als Schandplatz für die, denen die Totenehre versagt ward; sie liegen beisammen „und tragen ihre Schande“.[2])

Der Zustand der Toten in diesem Orte der Finsternis ist traurig und hoffnungslos; darum fürchtet selbst der Fromme das Todesloos (2 Sam. 14, 14). Nackend steigt man hinab[3]); Kraftlosigkeit ist der Bösen und Guten gemeinsames Loos. Deshalb wird die Scheôl auch אֲבַדּוֹן „Vertilgung“ (eigennamenartig ohne Artikel) genannt.[4]) Einzelne Züge erfahren wir in reiner Volkstümlichkeit aus zwei prophetischen Stellen, die von dem Untergang heidnischer Königspracht in der Scheôl reden und in dramatischer Weise uns in das Schattendasein der Toten versetzen:[5]) Jes. 14, 9—20. Ez. 32, 18—31.

Jes. 14, 9—20 heisst es in der Schilderung des göttlichen Gerichts über den König von Babylon:

9. „Die Scheôl drunten gerät in Bewegung über dich,
deinem Kommen entgegen;
sie erweckt vor dir die Schatten, alle Mächtigen der Erde,
lässt aufstehen von ihren Thronen alle Könige der Völker.

10. Sie alle antworten und sagen zu dir:
„„Auch du bist kraftlos geworden wie wir,
uns bist du gleich gemacht?“ “

---

1) Jes. 14, 11; vgl. Höll. Ist. Obv. 68 ff. Rev. 23 ff.

2) Ez. 32, 25. Auch Ausdrücke wie חֶבְלֵי־שׁ׳, מְצָרֵי־שׁ׳ gehören hierher. Vgl. die assyr. Schilderung des unseligen Zustandes derer, denen die Totenehre versagt ward, S. 56.

3) Hi. 1, 21; vgl. dieselbe Anschauung bei den Assyrern, Höll. Ist. Obv. 42 ff.

4) Hi. 26, 6. 28, 22. Ps. 88, 12. Prov. 15, 11.

5) Solche Stellen kommen für die Betrachtung der reinen Volksvorstellung besonders in betracht, weil hier der Prophet Jahves in seiner volkstümlichen Darstellung des Schicksals heidnischer Könige durch die Schranken der Offenbarungsreligion nicht gehemmt wird.

11. Hinabgefahren zur Scheôl ist deine Pracht, das Rauschen deiner Harfe;
unter dich ist hingebettet Gewürm, deine Decken sind Maden.
12. Wie bist du vom Himmel gefallen, du Stern, du Sohn der Morgenröte,
zur Erde wardst du gestürzt, der du niederstürztest die Völker.
13. Aber du sprachst in deinem Herzen:
„ „Zum Himmel will ich hinaufsteigen, über die Sterne Gottes will ich erhöhen meinen Thron;
und will wohnen auf dem Berg der Versammlung im äussersten Norden[1]),
14. ich will steigen auf die Höhen der Wolken,
will mich gleichmachen dem Höchsten —" "
15. Ja, zur Hölle fährst du hinab,
zur äussersten Gruft;
16. die dich sehen, sie schauen auf dich, merken auf:
„ „Ist das der Mann, der die Erde zittern machte, der Königreiche erbeben liess,
17. der den Erdkreis zur Wüste machte und seine Städte zerstörte,
der ihre Gefangenen nicht nach der Heimat entliess?" "
18. Alle Könige der Völker, alle ruhen sie in Ehren,
ein jeglicher in seiner Gruft.
19. Du aber liegst hingeworfen wie ein verachtetes Reis,
bedeckt mit Erschlagenen, Schwertdurchbohrten, die hinabsanken zu den Steinen der Gruft,
wie ein zertretener Leichnam.
20. Nicht wirst du mit jenen vereinigt im Grabe.

Die Bewohner der Scheôl sind hiernach Wesen ohne Energie und Kraft: רְפָאִים[2]) (v. 9), und doch ist ihnen gleich-

---

1) Vgl. hierzu das S. 124 ff. über den „Götterberg" bemerkte.

2) רָפָה (ass. *rapû*) „schwach, hinfällig sein". Der Ausdruck entspricht dem homer. *σκιαί* (Od. 10, 495. 11. 207) und *εἴδωλον* (Il. 23, 72 u. o.). Vgl.

wie zum Hohne ein Schatten der Herrlichkeit, die sie auf Erden besassen, auch drunten gewahrt. Der Dichter sieht da unten die Könige der Völker sitzen auf ihren Thronen[1]); noch heissen sie עַתּוּדִים, „Leithammel" der Völker (vgl. Ps. 49, 15). Aber sie gleichen Sternen, die zur Erde gestürzt sind; denn unten hört alle Herrschaft auf (vgl. Ez. 31, 18), alle sind einander gleich. Nur ein Affekt ist es, der die Schatten aus dem dumpfen Hinbrüten aufzurütteln vermag: die Schadenfreude gegen neue Genossen, die gleich ihnen dahingesiecht und hinuntergefahren sind.

Gleich als wollte der Prophet für die Edleren der Erde das Schreckensbild mildern, verwebt er in sein düsteres Gemälde von der Scheôl ein anderes, das den Ort der Toten als Ruhestätte darstellt, da die Edlen in Frieden ruhen in ihrer Gruft, während die Verdammten hingeworfen sind ohne Grab, bedeckt mit Erschlagenen und Schwertdurchbohrten, denen die furchtbarste Schmach, unbeerdigt zu bleiben, zu teil ward.[2])

Auch bei Ezechiel (31, 18—31) erscheint der Hades im allgemeinen als Lagerungsstätte der Völker (v. 27 a). Wehe denen, die nicht gewürdigt sind, unter die ehrenvoll Ruhenden sich zu mischen. Wem ein ehrenvolles Begräbnis versagt ward, der ist in die äusserste Grube verdammt (s. vorhin S. 112 und vgl. S. 56), und die ehrlich begrabenen Helden spotten über seine Schande (v. 21); in diesem Hohne besteht der einzige Trost, der das freudlose Dasein der Dahingeschiedenen durchbricht (v. 31). In der poetischen Schilderung Ez. erscheinen sie alle gerüstet und gekleidet wie in den Tagen des Lebens[3]), die Krieger mit ihren Rüstungen

den Befehl der assyr. Höllengöttin beim Eintritt eines neuen Ankömmlings: „Mach es aus mit ihm nach uraltem Gesetz".

1) Vgl. S. 98.

2) Vgl. S. 18 ff. Ausserdem vgl. Deut. 28, 26. Ps. 79, 2. Jes. 34, 3.

3) Von einem unschönen Aussehen im Hades kann wohl nicht die Rede sein (SMEND, *Ezechiel*, S. 259). V. 19 ist wohl zu übersetzen: „Wem bist du über an Wert?", d. h. „auch dir, dem Helden der Erde, geht es so traurig als uns" (vgl. Jes. 14, 10. 16).

angethan (v. 27) und mit dem Schwert unter ihren Häuptern. Die letzte Aussage zeigt, dass Ezechiel dort die Toten im Hades liegend denkt (v. 23), so, dass das Grab eines Grossen der Erde von den Scharen derer umgeben ist, die auf Erden ihm unterthan waren. Diese Anschauung hängt mit der Vermengung der Vorstellungen von Scheôl und Grab zusammen (vgl. oben zur Jesaias-Stelle). Auch spielt die volkstümliche Ansicht, die bei den Egyptern und Semiten zugleich heimisch war, dass nämlich die Schemen der Verstorbenen in der Umgebung des Grabes weilen, hier in die poetische Schilderung des Propheten hinein.

Auch abgesehen von diesen beiden Hades-Bildern bietet das alte Testament uns Einblicke in die Volksvorstellung vom Zustande der Schatten im Hades. Samuel erscheint, von der „Hexe zu Endor“ beschworen, in dem Gewande, das er bei Lebzeiten trug (1 Sam. 28, 14). Der beschworene Geist grollt Saul, dass er ihn heraufgeführt und beunruhigt habe; denn die Schatten lassen sich, wie oben schon bemerkt, nur durch unwiderstehliche Mächte aufrütteln aus ihrer Lethargie. Was auf Erden vorgeht, kümmert sie nicht[1]), selbst das Loos der Kinder vermag ihre Teilnahme nicht zu erwecken (Hi. 14, 21): denn sie leben im Lande der Vergessenheit (אֶרֶץ נְשִׁיָּה, λήθης Ps. 88, 13), wo es aus ist mit Denken, Fühlen und Handeln. Der Prediger klagt (9, 5. 6. 10): „. . . . . . die Toten wissen nichts und haben keinen Lohn mehr, denn vergessen ist ihr Gedächtnis. Sowohl ihr Lieben, als ihr Hassen, als ihr Eifern, längst ist es dahin; sie haben keinen Anteil mehr in der Welt an allem was gethan wird unter der Sonne . . . ., kein Thun, keine Berechnung, noch Einsicht, noch Weisheit ist in der Scheôl.“[2]) Sie liegen bei einander zu Familien und Völkern

---

1) Die Poesie aber wird in diesem Punkte inkonsequent, vgl. Jes. 14, 10.

2) Damit steht übrigens die Totenbefragung in offenbarem Widerspruch.

geeint. Der Fromme wird zu seinen Vätern versammelt[1]), aber auch der Gottlose „kommt zu seiner Väter Geschlecht, die nimmer wieder das Licht schauen“.[2])

II.

Volksvorstellungen in bundesmässiger Beschränkung.

Die Volksvorstellungen vom Leben nach dem Tode mussten in mancherlei Hinsicht modificiert werden, sobald der fromme Israelit sie mit seinen offenbarungsmässigen Begriffen vom Wesen Gottes und von den Beziehungen des Menschen zu Jahve in Verbindung brachte.

1. Die Erfahrung von Gottes Allmacht macht die Anschauung wankend, dass die Scheôl, die mit Allgewalt ihre Opfer hinabzieht, diese unentreissbar in ihrem Besitz haben soll. Hiob rühmt in hymnischem Lobpreis, dass Gottes allmächtige Hand auch dieses Land ohne Ordnung (10, 22) in seiner Gewalt habe, dass die Schatten vor ihm erbeben und die Unterwelt bloss vor ihm liegt (26, 6). Und während der hiobische Dulder in Ps. 88 klagt: „Die Toten sind abgeschnitten von deiner Hand“, finden wir beim Sänger des 49. Psalms den „kühnen Aufschwung“ des Glaubens, dass Gott, wie er einen Henoch und Elias hingenommen, so auch ihn, den frommen Jahve-Verehrer, der Macht der Scheôl entreissen und zu sich zu entrücken vermag.[3]) In Hanna's Lobgesang heisst es: „der Herr tötet und macht lebendig, führt in die Scheôl und wieder hinaus“ (1 Sam. 2, 6).[4]) Jona preist seinen Gott, der sein Leben aus der Grube gezogen habe, als der Erde Riegel sich schon ewig hinter ihm geschlossen hatten. Der Psalmist (Ps. 139, 7 f.) aber singt:

---

1) Gen. 25, 8. 49, 29 u. ö.

2) Ps. 49, 20.

3) Ps. 49, 16, vgl. Franz Delitzsch, *Psalmen*4 S. 389 f.

4) Vgl. Sap. 16, 13. Ps. 30, 4. 71, 20. Die Scheôl ist hier zunächst Bild des äussersten Elends; vgl. dazu das Gebet S. 12 ff.

„Wohin soll ich gehen vor deinem Geist?
Wohin soll ich fliehen vor deinem Angesicht?
Stiege ich auf zum Himmel, so bist du da,
Machte ich Scheôl zu meinem Bett: du bist da.“ [1])

2. Vor allem aber musste der Glaube an Jahve's Gerechtigkeit die volkstümlichen Vorstellungen beschränken. Die Läuterung der Vorstellungen vom Leben nach dem Tode von dieser Seite her geht Hand in Hand mit dem Versuche einer Lösung des Problems, warum der Fromme in Bedrängnis und der Gottlose so oft in vollem Glücke lebt, eine Lösung, die besonders im Buche Hiob [2]) und in Psalm 37 und 73 versucht wird. An Stelle der theoretischen Lösung dieses Problems, die unmöglich erschien, trat die gebieterische Schlussfolgerung des Glaubens der persönliche Glaubensheroismus zerreisst die Banden des Todes, klammert sich fest an seinen Gott und trotzt der hoffnungslosen Vorstellung vom Jenseits mit der siegreichen Gewissheit: „Gott wird meine Seele erlösen aus der Hand der Scheôl.“ Auch ein Hiob begnügt sich nicht mit dem zweifelhaften Troste, dass man da unten zum Frieden kommt von der Arbeit und Mühe dieser Welt [3]); dass da unten das Toben der Frevler aufhören muss und dass es da unten aus ist mit den Unterschieden und Gegensätzen des Daseins (3, 17—19), — er ringt sich durch die Gewissheit des Todes und des Verderbens hindurch und stellt ihr das Postulat des Glaubens entgegen: „Ich weiss, dass mein Erlöser lebt und als letzter wird er über dem Staube sich erheben.“ [4]) Die Gewissheit seiner Unschuld treibt ihn zu dem Gott der Gerechtigkeit, der auch nach seinem Tode noch als Anwalt seiner Unschuld auftreten und ihn noch

---

1) Vgl. dazu Amos 9, 2.

2) Schliesslich läuft übrigens auch das Buch Hiob wieder auf die oben besprochene, alte Vergeltungslehre hinaus. Der Heimgesuchte wird von Gott durch zwiefachen Güterbesitz gesegnet (42, 10).

3) Homer nennt Il. 23, 72 die Toten *καμόντες*.

4) Hi. 19, 25—27; vgl. DELITZSCH, *Hiob* z. St.

jenseits die Ehrenrettung seiner Unschuld schauen lassen wird. So kann der Fromme, der sich eins fühlt mit Gott, auch im Tode getrost sein. „Der Gottlose besteht nicht in seinem Unglück, aber der Gerechte ist auch in seinem Tode getrost"[1]). Bildad sagt, dass die Abtrünnigen „herausgerissen werden aus ihrem Zelt, dem sie vertrauten, und dass es sie forttreibt zum König der Schrecken" (18, 14, vgl. Ps. 73, 19); denn „Dürre und Hitze raffen Schneewasser weg — so die Scheôl den Sünder" (24, 19). Und die heilige Geschichte erzählt, Gott habe die Rotte Korah dadurch bestraft, dass sie „nicht wie alle Menschen starben", sondern auf Gottes Befehl lebendig vom Rachen der Scheôl verschlungen wurden.[2])

3. Endlich trat der volkstümlichen Vorstellung vom Leben nach dem Tode (und das ist der Hauptpunkt) gegenüber das Bewusstsein vom Verhältnis des Menschen zu Gott. Dasselbe trug bei den Einen nach rein äusserlicher Auffassung den Stempel eines Vertrages, bei dem Pflicht und Recht, Leistung und Gegenleistung sich aufwog; bei tiefer angelegten Gemütern war es ein Verhältnis der Liebe, das den Menschen gegenüber der göttlichen Gnade zu dankbarer Gegenleistung verbindet. Deshalb war es die oberste Bundespflicht, Gott Opfer des Dankes und Lobes darzubringen, und Jahve hat Gefallen an solchem Thun seiner frommen Verehrer. Sollte diesem Verhältnis inniger Verbundenheit nun wirklich mit dem Tode ein Ende gemacht sein, sollte Jahve die Menschen umsonst geschaffen haben (Ps. 89, 48), indem er duldet, dass der Mund seiner Verehrer plötzlich verstummt in dem Lande des Schweigens? David hält das seinem Gotte vor, wenn er sagt (Ps. 30, 10):

„Welcher Gewinn liegt in meinem Blute, wenn ich zur Grube fahre?

---

1) Prov. 14, 32, vgl. Jes. 57, 1. 2.

2) Num. 16, 30 ff., vgl. Jes. 22, 17. Pred. 8, 11—13. 1 Reg. 2, 6 u. ö.

Kann dich preisen der Staub, verkünden deine Treue?
Höre mich, Jahve, und erbarme dich mein,
Jahve, sei mein Helfer."[1])

An anderer Stelle begründet der Dichter seine Bitte um Rettung mit den Worten:

„Denn nicht im Tode gedenkt man dein,
in der Scheôl, wer könnte da dir danken?" (Ps. 6, 6)[2])

Und wie des Menschen Dankbarkeit gegen Gott, so musste in der Scheôl auch Gottes Treue ein Ende nehmen. Darum preist Hizkia die Gnade Gottes, der seine Seele aus der Vernichtung der Grube gezogen hat, denn

„nicht harren deiner Treue, die in die Grube gesunken."
(Jes. 38, 17 f.).

Die Weisheit sagt deshalb, Jahve habe keine Freude am Verderben des Lebenden (1, 13), und nennt ihn einen „Liebhaber des Lebens" (11, 27 f.).[3])

So gebieterisch auch der Konflikt der Volksvorstellung mit der Heilsgeschichte zur Lösung drängte, der Israelit vermochte auf der Basis menschlicher Voraussetzung und mit der Logik menschlichen Denkens nicht hindurchzudringen zur Erkenntnis einer bevorstehenden Aenderung des Geschickes der Hadesbewohner. zu der Gewissheit der Auferstehungshoffnung.[4]) Dazu bedurfte

---

1) Auch dieses Psalmenwort erinnert in mehr als einem Punkte an das altbabylonische Bittgebet S. 12 ff.

2) Vgl. auch Ps. 88, 11—13. 115, 17. Sir. 17, 25 f.

3) Vgl. die b.-a. Anschauung S. 101. — Auch Hesiod, Theog. 766: „der Tod ist verhasst den unsterblichen Göttern"; vgl. Hom. Il. 20, 64. — Gewissermassen die letzte Konsequenz zog die synagogale Theologie Palästina's, soweit sie zum Unsterblichkeitsglauben noch nicht hindurchgedrungen war — wenn die Debarim rabba c 11 ihre Erzählung vom Tode Mosis mit den Worten schliesst: „da küsste ihn der Heilige (vgl. Deut. 34, 5) und nahm seine Seele durch den Kuss des Mundes hinweg und der Heilige weinte".

4) Die Geschicke eines Henoch und Elias bilden zwar nur Ausnahmen von der Regel, wie die Entrückung eines *Pir-napištim* bei den Babyloniern,

es prophetischer Ausschau, welche die Grenzen der Bundesreligion überschritt und hinüberblickte in eine Zeit, wo nicht Volksvorstellungen, sondern göttliche Thatsachen die Quelle des Erkennens bilden sollten.

III.

Prophetische Ausschau.

Dass von der Basis menschlichen Denkens aus der Schluss auf eine Auferstehung unmöglich erschien, erkennt Ezechiel an, wenn er auf die Frage des Herrn: „Werden diese Gebeine leben?“ antwortet: „Allherr Jahve, du weist es!“ (37, 3). Aber wie der Geist der Offenbarung von dem König, der sein Volk in blutigem Kampfe zu herrlichem Siege führt, hinausschaut auf den Knecht Jahves, welcher durch Opferung seiner selbst sein Volk und von da aus die Menschheit von der Schuldlast und Knechtschaft der Sünde erlöst, so erscheint die Befreiung aus der Not der Gefangenschaft, die dem trostlosen Zustande in der Scheôl gleicht (Ez. 37, 12 f.), im Lichte der Offenbarung als Unterpfand der Gewissheit, dass Gott einst auch die Herrschaft der Scheôl brechen, den Tod vernichten und die Thränen abwischen wird von aller Angesicht (Hos. 13, 14. Jes. 25, 8 vgl. Apok. 7, 17). Dann „werden sie weder hungern noch dürsten, noch wird Hitze oder Sonne sie stechen, denn ihr Erbarmer wird sie führen und an die Wasserquelle wird er sie leiten“ (Jes. 49, 10).[1])

Freilich war eine so erhabene Anschauung nicht schon Gemeingut des Volkes; noch in den spätesten Büchern

---

eines Menelaos bei den Griechen (vgl. hierzu die Schlussworte von NAEGELSBACH, *homerische und nachhomerische Theologie*), aber sie sind doch „Fingerzeige, die über die trostlose Vorstellung von dem Wege aller Menschen in die Tiefe des Hades hinauswiesen“ (FRANZ DELITZSCH, *Psalmen*[4] S. 389).

1) Erinnert unwillkürlich an den S. 104 f. mitgeteilten babylonischen Hymnus.

des Alten Testamentes wechseln skeptische und materialistische Vorstellungen, wie sie beim Prediger (c. 3) sich finden, mit dem Bekenntnis entschiedenen Glaubens an die Auferstehung der Toten, und zwar des Einen zum Leben, des Andern zur ewigen Schande (Dan. 12, 1 f.). Freilich verbleibt dieser Glaube in den Grenzen nationaler Beschränkung[1]), bis derjenige erschien, der das Gefängnis gefangen genommen (Eph. 4, 8) und einen neuen himmelwärts führenden Weg geweiht hat (Hebr. 10, 20) und der von sich sagen konnte (Joh. 11, 25): „Ich bin die Auferstehung und das Leben“.

Zusatz.

Die Vorstellung vom „Berge der Versammlung“.

Die alttestamentliche Jahvereligion unterscheidet einen Herrlichkeitshimmel Jahves und einen Ort der besonderen Gegenwart des Bundesgottes im Allerheiligsten des Tempels. Die Volksvorstellung der Israeliten war geneigt, in Anlehnung an die kosmologischen und mythisch-geographischen Ideen der heidnischen Stammväter jenen Herrlichkeitshimmel an einen bestimmten Ort, auf einen Berg in der geheimnisvollen Gegend des Nordens zu verlegen[2]), eine altsemitische Vorstellung, die durch den assyrischen Einfluss des Exils von neuem genährt ward und zur vollen

---

1) LIGHTFOOT zu Mt. 2, 16: „An dem Eingange der Hölle sitzt Abraham und hält Wache, dass kein Israelit in die Hölle kommt“.

2) Darum durften gewisse Opfer nur an der Nordseite des Altars geschlachtet werden; darum sah Ezechiel in Tel-Abib die Merkaba von Norden her kommen. Damit hängt wohl auch zusammen, dass die heidnisch gesinnten Israeliten das „Eiferbild“ am Nordthore des Tempels aufstellten (Ez. 8, 5), dass ihre Weiber an dem Nordthor (dem Thore kat. exoch.) sitzen und den Tammuz beweinen (8, 14). Vgl. hierzu auch WARREN, *the paradise found at the Northpole*, Boston 1885, S. 206 f.

Geltung kam, als jenem der Offenbarungsreligion eigentümlichen Gedanken durch den Verlust der Bundeslade (Jer. 3, 16) der Boden entzogen war, so dass es sprichwörtlich wurde, zu sagen: „Jahve sieht uns nicht, Jahve hat das Land verlassen" (Ez. 8, 12).[1])

In der Vorstellung von diesem Götterberg finden wir die assyrisch-babylonischen Ideen vom *Arâlû*[2]) mannigfach wieder. Wenn Jes. 14, 13 f. dem babylonischen Weltherrscher Worte von dem הַר־מוֹעֵד, dem Versammlungsberge in den יַרְכְּתֵי צָפוֹן, „dem äussersten Norden" gelegen, in den Mund legt, so schliesst sich die poetische Schilderung an die heidnische Anschauung vom „Versammlungsberge" der Götter an. Ez. 28, 14 redete in akkomodativ mythologisch gehaltener Weissagung gegen den König von Tyrus, wo man allerdings eher eine phönizische Parallele erwarten sollte, von dem הַר קֹדֶשׁ אֱלֹהִים, „dem heiligen Berge Gottes", von einem schützenden Cherub bewacht und mit אַבְנֵי־אֵשׁ, „Feuersteinen"[3]) bedeckt. Diesen Götterberg zu versinnbildlichen, opferten die Israeliten mit Vorliebe auf Höhen. Deshalb wird Ps. 48, 2 f. der heilige Berg Zion „Wonne der ganzen Erde, der äusserste Norden, Stadt des grossen Königs" genannt, eine Stelle, die kaum, wenigstens zunächst nicht, auf die jetzt endgiltig nachgewiesene nordöstliche Lage des Berges zu beziehen sein dürfte (s. dagegen Franz Delitzsch, *Psalmen* S. 279 f.).

Vor allem aber hängt damit eine Bezeichnung des Berges Zion zusammen, die von den Kommentatoren früh-

---

1) Vgl. die ähnliche Vorstellung im Assyrischen: *ilâni zênûtum ana mâti itârûni*, „die Götter, die erzürnt waren, kehren ins Land zurück", II R 61, 75 a (vgl. III R 65, 11 a). Der König Asurbanipal (VI, 107 ff.) bringt die Göttin *Nanâ*, die 1635 Jahre „zürnend das Land verlassen hatte", in seinen Tempel zurück.

2) Vgl. S. 59 ff.

3) Dass nicht an einen „feuerspeienden Berg" zu denken ist (Hitzig), sondern an einen mit Gold bedeckten Berg, zeigt allein schon der assyrische Name des Götterberges: *šad ḫurâṣi* II R 51, 11 vgl. S. 59.

zeitig missverstanden worden ist: אראל bez. אראיל (אריאל). Die Stellen, in denen es vorkommt, weisen in den Codd. durchgehend abweichende Schreibungen auf. Die Schreibung אריאל beruht auf der frühzeitigen Erklärung des Wortes als *λέων θεοῦ.*[1]) An der Hand der einschlagenden Stellen möchte ich die Identität des Wortes mit assyr. *Arâlû* in Folgendem begründen und damit die Schreibung אראל bezw. אראיל als die richtige und ursprüngliche erweisen.

Jes. 29, 1 f.: „O אריאל אריאל[2]), Burg, da David sich niederliess! Füget Jahr auf Jahr, die Feste sollen kreisen, dann will ich bedrängen den אריאל; es soll Geklage und Klagen sein und er soll wie ein rechter אריאל sein". Hier liegt ein Wortspiel vor, indem der Ausdruck אריאל in doppeltem Sinne gebraucht ist: einmal als Beiname des Zion, und dann zur Bezeichnung eines Ortes, in dem Klage und Weh daheim ist. Beides stimmt zum assyrischen Gebrauche des Namens *Arâlû*: einmal ist er der Göttersitz, das andere Mal der Weltberg, der die Unterwelt mit allen ihren Schrecken in sich birgt (vgl. S. 59 ff.). Jahve will den Zion, der ein *Arâl*, ein Götterberg, sein sollte, bedrängen, dass er „ein rechter Aral"[3]) sei, d. h. dem Berge der Unterwelt gleiche mit seiner Oede und seinem Klagegeschrei.

Ez. 43, 15 f. wechseln die Schreibungen האראל, ההראל, האראיל, ההראיל, האריאל, הריאל bunt durcheinander.[4]) Der Stamm א' gilt hier als Bezeichnung der heiligsten Höhe, als Name für den Altar Jahves im Tempel; wenn schon die Bamoth als Abbilder des Gottesberges Zion gelten konnten, so gebührt dies der wahren Bamah Jahves erst

1) Für die verschiedenen Erklärungen des Wortes darf ich auf GESENIUS, *thesaurus* I, 147; WINER, *Reallexicon* Art. „Jerusalem" und „Brandopferaltar"; FRANZ DELITZSCH, *Jesaias* zu 29, 1 f. verweisen.

2) Ich behalte hier die Schreibung des masorethischen Textes bei.

3) Eine Feinheit der Uebersetzung Luthers.

4) Vgl. DE ROSSI, *Variae lectiones V. T.* III, S. 162 f.

recht. Damit aber aller heidnische Beigeschmack schwinde, prägt der Prophet an derselben Stelle das Wort feinsinnig um und bezeichnet den Kern des Altars statt mit אראל mit הראל, den „Gottesberg“ Jahves scheidend von dem Götterberg Assurs.

Für die schwierigste hierhergehörige Stelle gilt Jes. 33, 7, wo sicher mit Knobel u. A. אֶרְאֶלִּים zu lesen ist.[1]) Es ist die Rede von den jüdischen Gesandten, die nach 2 Reg. 18, 14 von Hizkia an Sanherib geschickt wurden, um Frieden zu erwirken. Von dieser Gesandtschaft heisst es: „Siehe, die אראלים schreien draussen, die Boten des Friedens (d. h. die um des Friedens willen gesandt waren) weinen bitterlich [und sprechen]: „„Wüste sind die Steige, Niemand geht auf der Strasse, er hat gebrochen den Bund, — verwirft die Städte und achtet die Leute nicht.““ Nach Kethub. 104 a Bar Kappara, einer Stelle, die gemäss dem Citat Chagiga 5 b den Namen 'א den citierten Worten des Jesaias entnimmt, hat man sich unter 'א die Bezeichnung irgend einer Klasse von Engeln zu denken. Der Tod Judas des Heiligen wird hier mit den Worten angezeigt: אראלים ומצוקים אחזו בארון הקדש נצחו אראלים את המצוקים ונשבה ארון הקדש, „die Erelim und die Frommen der Erde[2]) fassten die heilige Lade[3]); aber die Erelim besiegten die Frommen der Erde und die heilige Lade ward weggeführt“. An dieser Stelle sind die 'א als Boten Gottes gedacht, die Trauer auf der Erde verbreiten, indem sie die Verstorbenen den Ihrigen entreissen, bei Jesaias ist 'א allgemeine Be-

---

1) Bereits Jonathan bringt das Wort mit ראה „sehen“ zusammen. Mass.: אראה לם, Syr. Aquil. Theod. Symm.: אֶרְאֶה לָם. Aber 8 Codd. bieten nach de Rossi, l. c. S. 33 אראלים, was auch durch das Parallelglied מלאכים gefordert wird. Cf. Michaelis, *Bibl. or.* T. XIV, Append. p. 120 und *Suppl. ad lex. heb.* p. 121.

2) מצוקים, eig. „die Pfeiler der Erde“, d. h. nach rabbinischer Auslegung „die Frommen“, vgl. Dukes, *rabbinische Blumenlese* S. 258.

3) Der Sarg des frommen Rabbi kat. exoch. gleicht in seiner Ehrwürdigkeit der heiligen Bundeslade, in der die Thora aufbewahrt wird.

zeichnung für „Unglücksbote“. Da nun Talmud und Midrasch einstimmig bezeugen, dass die Engelnamen aus Babylonien stammen (המלאכים עלו עמהם מבבל, vgl. KOHUT, *Ueber die jüdische Angelologie und Dämonologie* in den *Abh. für die Kunde des Morgenlandes der Deutschen morgenl. Gesellschaft*, IV, 3 S. 7), so kann leicht auch der Name der 'א vom assyrischen *Arâlû*, sei es als Totenort, sei es als Götterberg, stammen.

Unerklärlich bleibt die Stelle 2 Sam. 23, 20, wo David שני אראל tötet. Dass die übliche Deutung „Löwe Göttes“ hier ganz besonders unpassend ist, hat schon WINER, *Realw.*, Art. Ariel, ausgesprochen. — Ob das bekannte patronym. אראלי Gen. 46, 16. Num. 26, 17 auch irgendwie mit *Arâlû* zusammenhängt?

Die spätere Zeit mag bei dem Gedanken einer Scheidung zwischen Guten und Bösen nach dem Tode diesen „Versammlungsberg der Götter“ wohl auch mit dem Orte der Seligen in Verbindung gebracht haben. Der Keim dazu liegt schon in biblischen Stellen. Ez. 28, 14 wird der goldstrahlende Götterberg (s. o.) im Norden parallel genannt mit עֵדֶן גַּן־אֱלֹהִים (v. 13), „dem Gottesgarten Eden“ und ist wie dieser von einem Cherub bewacht; die altsynagogale Religion Palästina's aber nennt den Ort der Seligen selbst Gan Eden. Jesaias (14, 13 f.) berichtet mit Entrüstung von dem König von Babel, er habe „in seinem Hochmute sich zum Himmel erheben wollen, habe wohnen wollen auf dem Berge der Versammlung“[1], und Ezechiel (28, 2) weissagt von dem König von Tyrus, er werde hinuntergestossen werden in die Grube, weil sein Herz sich erhoben und gesprochen habe: „Ich bin Gott, ich sitze auf dem Throne Gottes mitten im Meere“. Aber was für

1) Wie vertieft sich die Bedeutung der Stelle, wenn die assyrischen Inschriften erzählen, dass der stolze Tiglathpileser seinen Gott mit den Worten anredet: „er habe sein Geschlecht zu einem Sitz auf dem Götterberg auf ewig berufen“; vgl. S. 98.

den frevelnden König unerreichbar erschien, sollte es für den frommen Israeliten nicht möglich sein? Wenn der Psalmist singt (16. 9—11):

„Darum freut sich mein Herz und frohlockt meine Seele,
auch mein Fleisch wird sicher wohnen.
Denn nicht wirst du preisgeben meine Seele dem Hades,
wirst deinen Frommen nicht lassen schauen die Grube,
wirst mir weisen den Lebenspfad,
da Freudensättigung ist vor dir,
Wonnen zu deiner Rechten für und für" —

so mag dichterische Phantasie immerhin diesem Orte der heiligen Gegenwart, da Freude und Wonne zu seiner Rechten ist, konkrete Gestalt gegeben und die Wohnung der Seligen gedacht haben auf einem הַר מוֹעֵד, einem „Berg der Versammlung", nämlich der auserwählten Gerechten, gegenüber dem בֵּית מוֹעֵד לְכָל־חָי, dem „Haus der Versammlung aller Lebendigen".

Schluss.